El *Diario* de Reverter

COLECCIÓN
JESUITAS
21

Andrés García Inda
Juan Jesús Bastero Monserrat, SJ (eds.)

El *Diario* de Reverter

*La fundación del Colegio
del Salvador de Zaragoza*

150AÑOSENCOMPAÑÍA

© Ediciones Mensajero, 2025
Grupo de Comunicación Loyola
Padre Lojendio, 2
48008 Bilbao – España
Tfno.: +34 944 470 358
info@gcloyola.com
gcloyola.com

Diseño de cubierta:
Laura García Carbajosa

Impreso en España. *Printed in Spain*
ISBN: 978-84-271-5030-0
Depósito legal: BI-13-2025

Fotocomposición:
Marín Creación, S. C. – Burgos / www.marincreacion.com

Impresión y encuadernación:
Gráficas Fernan – Bilbao (Vizcaya) / graficasfernan.com

Índice

Prólogo

Conocer nuestra historia nos ayuda a entender de dónde venimos y a imaginar y desear hacia dónde queremos ir. Este libro, *El* Diario *de Reverter. La fundación del Colegio del Salvador de Zaragoza*, es mucho más que un documento histórico: es un homenaje al esfuerzo, la fe y la visión de aquellos que, hace más de 150 años, dieron vida a un proyecto educativo que hoy en día sigue marcando generaciones.

Los autores, Juan Jesús Bastero, SJ, y Andrés García Inda, nos proponen un viaje al pasado para descubrir, a través del *Diario* de José Reverter, SJ, los primeros pasos del Colegio del Salvador. Este joven jesuita, con apenas 24 años, registró con detalle la vida diaria de un colegio que nacía en tiempos complicados, lleno de retos y también de sueños. Su relato nos muestra cómo el esfuerzo colectivo y la fe pueden superar cualquier obstáculo.

Esta obra no solo es una mirada al pasado; es una invitación a reflexionar sobre el impacto que nuestro colegio ha tenido en Zaragoza desde su fundación en 1871. Pero la historia no empieza ahí. Los escritores nos recuerdan que ya en el siglo XVI los jesuitas habían abierto un colegio en la ciudad, y cómo ese primer proyecto, truncado por la expulsión de la Compañía de Jesús, influyó en la creación del Colegio del Salvador tres siglos después.

El *Diario* de Reverter no se conforma con hablar de los jesuitas y sus desafíos, sino que también descubre Zaragoza y su gente en una época marcada por tensiones sociales y políticas. Entre líneas, vislumbramos cómo, incluso en momentos difíciles, la ilusión y el compromiso de los fundadores dieron frutos que siguen vivos hasta hoy.

Esos frutos han hecho que nuestro colegio sea un espacio dedicado a una educación integral, humanista y de excelencia. Más allá de los logros académicos, nos enfocamos en formar personas «conscientes, competentes, compasivas y comprometidas», cuya brújula sea la justicia, la paz y el bien común, valores esenciales para navegar los retos que creemos esenciales en el mundo actual.

A lo largo de estos 150 años, los lemas «*En todo amar y servir*» (san Ignacio de Loyola [EE 233]) y «*Saber más para actuar mejor*» (Juan Jesús Bastero, SJ) han sido nuestros pilares y guías. Estos principios han marcado cada paso y cada decisión, orientando nuestra misión educativa y convirtiendo al Colegio del Salvador en un referente en Zaragoza y más allá.

Por eso esta obra, creada como parte de la celebración del 150 aniversario, refleja que no es un simple ejercicio de nostalgia, sino una invitación a la «memoria agradecida», como nos enseña la espiritualidad ignaciana. Es una ocasión para detenernos y mirar atrás; para reconocer los dones recibidos, los retos superados y los frutos cosechados. Como señalaba el padre Pedro Arrupe, SJ: «El pasado debe ser fuerza inspiradora para un futuro creador». Este texto busca ser precisamente ese puente entre nuestro pasado y el futuro que juntos seguimos construyendo.

Por otra parte, al repasar estos 150 años, es imposible no recordar a quienes hicieron posible este gran proyecto: los jesuitas que lo impulsaron con valentía, los docentes que dejaron una huella imborrable en el corazón de nuestros alumnos, el personal de administración y servicios que hizo posible y agradable el día a día de toda la comunidad educativa, las familias que depositaron su confianza en nosotros y los estudiantes que con su entusiasmo y deseo de aprender dan sentido a nuestra labor. Cada uno de ellos ha sido una pieza esencial en este engranaje. Algunos destacaron por su entrega y dedicación; otros, con pequeños gestos, dejaron una huella igualmente significativa. A todos ellos, el más profundo agradecimiento.

Ahora miramos al futuro con esperanza, convencidos de que el Colegio del Salvador tiene aún mucho por aportar. Este libro es un recordatorio de que formamos parte de una gran historia que comenzó hace más de 150 años y que sigue viva gracias a todos nosotros. Como comunidad ignaciana, estamos llamados a responder a los desafíos de nuestro tiempo con creatividad, valentía y fe, tal como lo hicieron quienes nos precedieron. Es un recordatorio de que con esfuerzo, fe y visión podemos construir algo que trascienda el tiempo.

Con afecto y orgullo,

Sonia Alfonso Alegre
Directora general
Colegio del Salvador, Zaragoza

Presentación

En 2021 estaba previsto haber celebrado el sesquicentenario del Colegio del Salvador, de Zaragoza, fundado en 1871 por un grupo de jesuitas liderados por el padre Clemente Bofill. La efemérides era una buena ocasión no ya para la vanagloria y el autobombo, sino para, en clave ignaciana, recordar, hacer examen y agradecer tanto bien recibido a lo largo de tantos años, «para que así más le amemos y sigamos». Las circunstancias de la pandemia, sin embargo, impidieron que en ese momento pudiera llevarse a cabo la celebración, que se pospuso para más adelante.

Entre las posibles actividades para conmemorar esos 150 años de existencia, el entonces director del colegio, Manuel Magdaleno, nos había propuesto a algunas personas participar en la redacción de una nueva historia del colegio. Decimos «nueva» porque, aparte de la crónica periódica que durante tantos años se recogió primero en la revista *El Salvador* y luego en la revista *Dos cipreses*[1], y de algunos estudios fragmentarios

---

[1] La revista *El Salvador* fue una iniciativa de la Asociación de Antiguos Alumnos, nacida en 1919. Inicialmente era una revista elaborada entre la Asociación y el colegio (con participación tanto de jesuitas y antiguos alumnos como de colegiales) que se publicó en dos épocas (de 1919 a 1931 y de 1941 a 1960). La revista *Dos cipreses* le tomó el relevo entre 1963-1976 y 1978-79 (el nombre aludía a los dos cipreses que había en el patio del edificio del colegio del paseo de Sagasta). A partir de 1990, siendo ya Colegio Jesús María - El Salvador, se impulsó una tercera época de la revista *El Salvador*, con la participación de colegiales, pero únicamente aparecieron cinco números. Y desde 1998 a 2004 el colegio lanzó a modo de revista una hoja anual titulada *Desde mi cole*. Desde el año 2000, la Asociación de Antiguos Alumnos recuperó la cabecera y ha venido editando una revista anual con ese título (https://www.aajesuitaszaragoza.es/).

sobre aspectos relacionados con el colegio zaragozano (sobre las congregaciones marianas, la cofradía del Descendimiento, etc.), el P. Juan Ignacio Fernández Marco, SJ, ya publicó en la década de 1990 una historia sobre *El ultracentenario Colegio del Salvador* que recogía la vida del centro desde su fundación, en 1871, hasta 1983, año en el que comenzó una nueva etapa como Colegio Jesús María - El Salvador, que culminaría en 2011.

El objetivo de la propuesta del entonces director era ampliar y completar esa mirada global sobre el colegio. Pero nuevas circunstancias sobrevenidas, por el cambio en la dirección del colegio, alteraron otra vez los planes de trabajo. La intención de la nueva directora del centro, Sonia Alfonso, era poder llevar a cabo en 2025 la conmemoración pospuesta del 150 aniversario... y pico; y se quería contar para ello con alguna contribución sobre la historia de la fundación del colegio que ayudara a hacer esa «memoria agradecida» que conlleva la celebración. El reto era complicado si se pretendía hacer una contribución original al trabajo del P. Fernández Marco. Por un lado porque el plazo para llevarlo a cabo era breve; y por otro porque la historia del colegio resulta en realidad un proyecto casi inabarcable, si se tiene en cuenta la amplitud, diversidad y riqueza de aspectos o elementos a tener en cuenta: los estudios y la pedagogía, los jesuitas, los profesores y los alumnos, el deporte (el fútbol, el baloncesto, el *hockey*...), los campamentos, el teatro, la vida literaria, el cine, la ciencia y la experimentación, las congregaciones marianas, la Asociación de Antiguos Alumnos... Por eso, surgió la idea de ir haciendo ese trabajo poco a poco, colectiva y fragmentariamente, como una suerte de memorial en diversos volúmenes. Y, para empezar, a modo de pistoletazo de salida, y dada la ocasión del 150 aniversario, quisimos hacerlo con la edición y publicación de un documento excepcional, desconocido para la gran mayoría, sobre la fundación y los primeros cursos de la vida del centro: el *Diario* de José Reverter, SJ.

En septiembre de 1871, cuando el Colegio del Salvador abrió sus puertas, José Reverter era un joven jesuita en formación, de 24 años, destinado a Zaragoza como «maestrillo», junto con otros compañeros, para poner en marcha el nuevo proyecto educativo de la Compañía de Jesús. Bajo la dirección del padre Clemente Bofill, SJ, Reverter forma parte del pequeño grupo fundador del colegio en circunstancias que, como veremos, no resultaban nada fáciles. En Zaragoza estará destinado hasta 1874, año en que abandona la ciudad para continuar su formación como jesuita y ordenarse posteriormente sacerdote. Durante esos tres cursos en la capital aragonesa, Reverter recoge en un *Diario* los principales aspectos de la vida cotidiana del centro: la distribución de tareas, la organización de los estudios, las diferentes actividades y celebraciones, las circunstancias políticas y sociales, etc. La obra constituye una fuente histórica directa sobre aquellos años y contiene datos muy interesantes no solo sobre los jesuitas protagonistas, la Compañía de Jesús (como las preocupaciones ante el ambiente de persecución que vivían) y sobre el propio colegio (el uniforme de los colegiales, las clases «de adorno», las celebraciones, los debates y premios, las costumbres religiosas...), sino también sobre la propia vida de la ciudad de Zaragoza (el ambiente ciudadano, los acontecimientos sociales y políticos, la prensa, las epidemias...) en un tiempo realmente convulso. De ahí que puede resultar de interés no únicamente para conocer la historia del Colegio del Salvador y la Compañía de Jesús en Zaragoza, sino la historia misma de Zaragoza y de España, en aquellos complicados años.

Para comprender y aprovechar mejor la lectura del *Diario*, entendimos que era necesario acompañarlo de algún texto introductorio que ayudara a contextualizar la génesis del colegio. Pero enseguida nos dimos cuenta que se trataba de una «doble génesis» porque, aunque el Colegio del Salvador iniciara su andadura en 1871 como un nuevo proyecto, la fundación del mismo respondía al deseo de los jesuitas de recuperar el colegio que la Compañía ya había tenido en la ciudad desde el siglo XVI y que tuvieron que abandonar cuando se decretó en el siglo XVIII la supresión de la Orden. Y esa doble aproximación dio lugar a dos publicaciones diferenciadas: la que el lector tiene en sus manos sobre el *Diario* de Reverter, por un lado; y por otro lado el estudio de Juan Jesús Bastero, SJ, sobre la primera fundación del colegio zaragozano en el siglo XVI, a través de la correspondencia de los jesuitas protagonistas.

La fundación del (primer) colegio jesuita de Zaragoza, en el siglo XVI, forma parte del impulso apostólico de los primeros años de la Compañía, que son años de una enorme creatividad misionera o que podríamos calificar de «explosión fundacional». La obra educativa de los jesuitas en la ciudad comenzó su andadura en firme en 1555, hace ahora 470 años y todavía en vida de san Ignacio de Loyola, que falleció el 31 de julio de 1556. Hay que recordar que, por parte de la Compañía, esta fundación se hizo sin fecha de caducidad. Seguramente este primer colegio no hubiera desaparecido si el rey Carlos III no hubiera expulsado de España y las provincias de América a los jesuitas y si, además, el papa Clemente XIV no hubiera suprimido la Compañía de Jesús pocos años después. De hecho, una vez restaurada la Orden, cuando los jesuitas de la «nueva Compañía», volvieron a la ciudad a mediados del siglo XIX, su primera intención fue «refundar» el antiguo Colegio de la Purísima, en el mismo edificio en el que había sido erigido, y que tras la expulsión se había convertido en el Real Seminario de San Carlos. Sin embargo, las circunstancias impidieron esa refundación y por ello se optó por fundar un nuevo colegio, el Colegio del Salvador, que inició su andadura en 1871 y que, con diversa ubicación y diferentes nombres y fórmulas jurídicas, ha pervivido hasta nuestros días[2]. Por eso,

---

[2] Como se cuenta en el propio *Diario*, en 1871 el colegio se fundó en un edificio en la entonces Plaza del Pueblo (hoy día Plaza del Carmen);

puede decirse que estamos ante una doble fundación, o dos comienzos distintos –separados por 316 años– de un mismo tipo de obra apostólica educativa de la Compañía. De hecho, se advierte un cierto paralelismo entre ambas fundaciones. En primer lugar, en ambos casos, a nivel global, la Compañía de Jesús se encuentra en un momento que podríamos llamar de expansión misionera. En 1555, por un lado, la Orden está en una etapa «naciente»: solo tiene un par de décadas de existencia y aún no se ha publicado el texto definitivo de las *Constituciones* que regularán su organización. Por otro lado, en 1871, tras la restauración de 1814, la «nueva Compañía» está «renaciente»: la congregación vive afanada en retomar la misión que otros compañeros tuvieron que abandonar un siglo antes, y en recuperar la identidad de

---

en 1879 se trasladó al número 1 de lo que hoy es el Paseo de Sagasta; y en 1971 a su actual ubicación. Durante el primer tercio del siglo XX el colegio se ubicó en el número 1 del actual paseo de Sagasta, funcionando con normalidad. En 1932, la Compañía de Jesús fue nuevamente suprimida en España y sus bienes, entre ellos el edificio del colegio, incautados. Sin embargo, el proyecto educativo siguió adelante: primero al amparo de la Academia Torres, entre 1932-1934, y posteriormente del Colegio Lanuza, hasta 1938, año en el que la Compañía fue restaurada, el colegio recuperó su antigua denominación y volvió al edificio del actual paseo de Sagasta. El curso 1970-1971 se inició en el nuevo edificio junto al río Huerva, en la entonces calle Cardenal Gomá, actual calle Padre Arrupe, donde sigue funcionando hasta el día de hoy. En la década de los ochenta del siglo XX, la colaboración que se venía manteniendo con las religiosas de Jesús-María (que tenían otro colegio en la ciudad) derivó en la fusión de ambos centros en un único proyecto: el Colegio Jesús María - El Salvador, primero bajo la fórmula jurídica de la Asociación Temporal de Empresas y luego mediante la constitución en 1999 de la Fundación Canónica Jesús María - El Salvador, que pasó a ser la entidad titular del colegio. La colaboración entre ambas congregaciones finalizó en 2011; la Compañía de Jesús quedó nuevamente como única entidad fundadora en el patronato de la mencionada Fundación y el curso 2012-2013 el centro recuperó el nombre de Colegio del Salvador. Con la unificación de las diferentes provincias jesuíticas españolas en una única provincia, en 2014, y la reorganización del sector educativo de la Orden, en 2024 la entidad titular del Colegio del Salvador pasó a ser la Fundación Educativa Jesuitas Centro Este (https://fejecentroeste.com/).

la organización y la fidelidad al carisma fundacional entre las nuevas generaciones.

En segundo lugar, no son pocas las dificultades sociales y políticas que en ambos momentos los jesuitas se encuentran a la hora de fundar el colegio zaragozano. A diferencia de otros lugares incluso en el propio Aragón, Zaragoza no parecía ser una ciudad propicia para acoger benévolamente los proyectos de la Compañía. De acuerdo con el *Diario* de Reverter, que se recoge en este volumen, la impresión de los propios jesuitas fundadores era que la ciudad constantemente les había sido hostil. A lo mejor, parte de esas reticencias respondían al tradicional escepticismo o la secular resistencia a la innovación que se atribuye al carácter de la ciudad (de sus ciudadanos, claro), y que, como el clima, a menudo dificultan el emprendimiento y el arraigo de nuevas iniciativas[3]. Pero las trabas o los obstáculos que los jesuitas se encontraron en ambos momentos para fundar en la ciudad respondían a circunstancias de diferente naturaleza: a mediados del siglo XVI, los escollos tenían que ver con las novedades que introduce la Orden en la espiritualidad y la educación de su tiempo, y la competencia que ello suponía en el contexto social y eclesial de la época para el resto de órdenes religiosas; mientras que en el último tercio del siglo XIX las dificultades venían dadas por el conflicto con el proyecto liberal en ciernes en España (y en Europa) y el clima de anticlericalismo y antijesuitismo reinante. Avancemos que en 1871, cuando inicia su andadura el Colegio del Salvador en Zaragoza, la Compañía de Jesús había sido nuevamente suprimida en España y los jesuitas trabajaban en un régimen que podríamos calificar de semiclandestinidad tolerada,

---

    [3] No nos resistimos aquí a hacer referencia a la caracterización que el filósofo Andrés Ortiz-Osés hacía de la «somardez» como el rasgo típico del «ser aragonés», aunque el arquetipo real del mismo para Ortiz-Osés era precisamente... ¡un jesuita!: el escritor Baltasar Gracián. Cfr. A. ORTIZ-OSÉS, *Amor y humor. Claves para vivir la vida (a la sombra de Pedro Saputo)*, Rolde de Estudios Aragoneses, Zaragoza 2007, 285.

bajo la amenaza continua del cierre de sus obras y la detención y expulsión de sus operarios.

Sin embargo, en tales condiciones, hay que destacar también el éxito de ambas fundaciones. A diferencia de otros proyectos jesuíticos el colegio de Zaragoza enraizó profundamente en la vida de la ciudad en ambas ocasiones. Si desapareció en el primer caso, como decimos, después de más de dos siglos de existencia, no fue debido a problemas del propio colegio o a una falta de arraigo en la ciudad, sino a la expulsión de España de los jesuitas y la incautación de sus bienes que llevó a cabo Carlos III. Y en el segundo caso la obra se ha mantenido hasta el día de hoy, adaptándose a las nuevas condiciones y circunstancias y manteniendo vivo el espíritu con el que fue erigido hace más de 150 años.

Una de las sentencias o de los aforismos más conocidos de Ignacio de Loyola es aquella que recomienda «en tiempo de desolación nunca hacer mudanza», que se recoge en los *Ejercicios espirituales* entre las «reglas de discreción de espíritus» (n. 318)[4]. En ocasiones, sin embargo, se tiene a malinterpretar la frase, hablando en su lugar de tiempo de dificultades o tiempo de tribulación. No cabe ninguna duda de que los dos momentos de la fundación del colegio zaragozano fueron tiempos de grandes tribulaciones, pero no da la impresión que lo fueran de desolación, por el ímpetu y la ilusión que empeñaron en sacar adelante la misión encomendada, a pesar de las adversidades. Por eso, su ejemplo también nos resulta ejemplar para nuestro propio tiempo.

* * *

---

[4] En España la frase se popularizó a finales de los años ochenta del siglo XX, después de que el político Javier Arzallus la pronunciara para referirse a la situación de su partido. Hay que recordar que Arzallus había sido jesuita, y profesor del colegio de Zaragoza a mediados de los cincuenta.

Por más que en ocasiones puedan parecer el resultado de una iniciativa o una decisión individual, los grandes (y pequeños) proyectos sociales y culturales suelen ser el producto de la generosidad y el esfuerzo compartido, frutos de una trama en la que se entrelazan contribuciones muy diversas, a veces desconocidas o inconscientes, pero sin las cuales esas obras no hubieran llegado a buen término. Seguramente, esa es una conclusión (evidente) que puede extraerse de la historia que se cuenta en este volumen. Pero es también la forma en la que surgió y en la que se ha ido gestando y desarrollando el volumen mismo, que nació gracias a la iniciativa y el apoyo de Manuel Magdaleno y Sonia Alfonso, y que ha ido fraguando durante el último año al calor de conversaciones y colaboraciones diversas. Permítasenos agradecer expresamente la ayuda prestada por el historiador José Antonio Ferrer Benimeli, SJ, y por Miguel Ángel Calvo, responsables de la biblioteca de la comunidad jesuita del Colegio del Salvador, así como por el también historiador Fernando Lasala, SJ. Agradecimiento que hacemos extensivo al profesor Guillermo Vicente, que nos proporcionó varias referencias y nos ayudó con su lectura a corregir algunos detalles. Nos congratula, además, que este proyecto pueda ver la luz editorialmente con el sello de la editorial Mensajero, del Grupo de Comunicación Loyola, gracias a la acogida y el cuidado de Ramón Alfonso Díez Aragón y de Ramón Colunga.

Si este texto resulta no solo legible, sino de algún interés para el lector, en buena parte lo es gracias a la ayuda de todos ellos, aunque los errores son solo fruto del descuido o de la obstinación de sus autores. Pero, además, si ahora podemos reescribir esta pequeña historia sobre la fundación del Colegio del Salvador, es también gracias a quienes –tanto jesuitas como laicos, profesores, personal de administración y servicios y alumnos– han seguido desde entonces cuidando la herencia recibida y registrando y conservando las huellas que ese proyecto centenario ha ido dejando entre nosotros. Entre ellos, permítasenos hacer un reconocimiento especial a quienes a lo largo de este tiempo han sostenido e impulsado la Asociación de Antiguos Alumnos. ¡*Ad multos annos*! Gracias a todos.

Andrés García Inda y Juan Jesús Bastero, SJ

Introducción

La fundación del Colegio del Salvador: una pequeña historia de la Compañía de Jesús en Zaragoza

Andrés García Inda

Los orígenes de la educación jesuítica en Zaragoza

La labor educativa es sin lugar a dudas una de las grandes señas de identidad de la Compañía de Jesús. Aunque inicialmente no estuviera entre las intenciones ni las preocupaciones iniciales de su fundador, Ignacio de Loyola, ni de sus compañeros, la necesidad de dar formación a los jóvenes que entraban en la Compañía llevó a tomar la decisión de fundar colegios-residencias para estos, colegios que por distintas razones luego se abrieron a otros estudiantes, después a alumnos externos, y que acabarían haciendo de la educación la misión principal de la Orden. La enseñanza se convirtió así en un rasgo distintivo de la Compañía de Jesús no solo desde un punto de vista que podríamos llamar cuantitativo, por la fuerza y las dimensiones que adquirió su compromiso a la hora de impulsar y fundar colegios, sino también desde el punto de vista cualitativo, por la forma en la que lo hicieron. La razón es bastante sencilla: la educación humanista constituía un medio fundamental para la formación cristiana que los jesuitas querían promover. El bien de la Cristiandad y del mundo dependía de la buena educación de los jóvenes, es decir, de su formación moral e intelectual. Así, la espiritualidad ignaciana nació intrínsecamente unida tanto a la ética como a la pedagogía[1].

Desde el punto de vista cuantitativo la red de colegios jesuitas se extendió rápidamente en las primeras décadas de existencia de la Orden: se fundaron muchos colegios en muy pocos años. Aunque el origen de la Compañía pueda remontarse al 15 de agosto de 1534, fecha de los votos de los siete primeros jesuitas en Montmartre, la fundación y aprobación formal de la misma tiene lugar el 27 de septiembre de 1540, mediante la bula *Regimini militantis ecclesiae* del papa Paulo III. Pues bien, entre 1544 y 1551 se crean los cuatro primeros colegios de enseñanza de la Compañía: Goa, en la India; Gandía, en España; y Mesina y Roma en Italia (el de Mesina se considera el primer colegio jesuita para externos y el de Roma es el germen de lo que luego será la Universidad Gregoriana). Y a partir de 1551 los jesuitas comienzan a abrir unos cuatro o cinco colegios al año. En 1556, cuando murió el fundador, ya había 45 colegios repartidos por todo el mundo, entre ellos el que será conocido como Colegio de la Purísima de Zaragoza, fundado en 1555; en 1606 eran 93 (38 de ellos en América, India y Japón) y a mediados del siglo XVIII los jesuitas tenían 1265 casas repartidas por todo el mundo, de las que 845 eran colegios de enseñanza[2].

Pero, además, el éxito de todo ese proyecto que se iba extendiendo por todo el mundo estaba relacionado –cualitativamente, podríamos decir– con la manera en la que los jesuitas llevaban a cabo la enseñanza, a través de un modelo pedagógico propio que fueron perfilando a lo largo de medio siglo. Ese modelo, que estaba pensando para la formación de los propios jesuitas y se

---

[1] Cfr. una primera aproximación, por ejemplo, en J. W. O'Malley (1993, 249-298), (2013, 199-224); J. M.ª Margenat (2010, 13-38); W. I. Lange (2005); J. M.ª Guibert (2020), entre otros muchos.

[2] Vid. los datos en W. Soto (1999), M. Revuelta (2012) o J. A. Ferrer Benimelli (2020).

aplicaría luego a los no jesuitas, no lo inventaron de la nada; su originalidad radicaba en la espiritualidad que lo impulsaba y en la síntesis que hacía de las tradiciones precedentes (la enseñanza escolástica medieval) y de las novedades de su tiempo (el humanismo literario renacentista), a partir de la propia experiencia de Ignacio de Loyola y sus compañeros en la Universidad de París. La enseñanza se centraba en lo que llamaríamos la educación secundaria y universitaria (solo muy excepcionalmente se ofertarían estudios primarios) y apostaba por una formación humanista en la que las letras –y muy especialmente el latín– jugaban un papel principal. Los humanistas subrayaban la idea de que las cosas se aprenden con ayuda de las palabras, y no al revés; y de ahí la importancia de proporcionar el aprendizaje de las herramientas literarias y científicas que dispusieran a los alumnos para más adelante, para la educación superior y para la vida. Se trataba, en suma, de sentar el andamiaje o las bases de una sólida formación moral e intelectual del sujeto, que en el caso de los jesuitas dispusiera los ingenios para la teología (como decían las *Constituciones*). De ahí la atención y el cuidado que se ponía en el método de la enseñanza (la relación con el texto, la *praelectio*, etc.) tanto o más que en lo que se enseñaba (aunque no hay lo uno sin lo otro), y la unidad que se pretendía mediante la secuenciación de las materias, la jerarquización de las clases y la organización de las actividades y el tiempo, entre otros muchos aspectos.

Los criterios y las pautas que definían ese modelo se fueron recogiendo en diversos documentos, como la parte IV de las *Constituciones* (de 1558), sobre todo; pero también en diferentes cartas, reglas e instrucciones para los colegios que se iban fundando. Desde muy pronto, sin embargo, se vio la necesidad de elaborar un documento común en el que se reflejara el modo de organizarse y proceder en todos los colegios jesuitas. Diego Laínez, que fue el sucesor de Ignacio de Loyola al frente de la Orden y según algunos uno de los promotores de la apertura de los colegios a alumnado no jesuita, impulsó esa redacción, que acabaría cuajando años después, durante el generalato de Claudio Acquaviva. Después de varias versiones e intentos fallidos, en 1599 se publicó el texto definitivo de la *Ratio studiorum* o, más expresamente, la *Ratio atque Instituto studiorum Societatis Iesu*, es decir, el método y programa completo de estudios en la Compañía de Jesús.

La *Ratio* definía la estructura de los colegios de la Orden y recogía un conjunto de reglas para los responsables, los profesores y los estudiantes, los criterios de admisión del alumnado en función del nivel de estudios (sin que pudiera discriminarse socialmente «por ser de condición humilde o pobre»), la organización de la enseñanza según las asignaturas y los cursos (ínfima, media, suprema), las actividades e incluso cuestiones metodológicas (la *praelectio* y la *relectio*, la emulación y los premios, etc.)[3]. La importancia del documento es tal que algunos lo consideran esencial al carisma jesuita: un documento fundacional equiparable a los *Ejercicios espirituales* y a las *Constituciones* de la Compañía, puesto que «no solo proveyó de una comprensión normativa de la educación jesuita», sino que «definió la formación de los mismos jesuitas. En este sentido –dice Claude Pavur, SJ (2023, 191)–, la Compañía terminó de ser fundada con la publicación de la *Ratio studiorum*, pues solo cuando este documento estuvo escrito hubo un acuerdo oficial sobre cómo tendría que ser la formación a ofrecerse y replicarse».

Así las cosas, a principios del siglo XVII la Compañía de Jesús ya contaba con un centenar de colegios y un modelo pedagógico propio común a todos ellos, que «miraba más a formar las cabezas que a llenarlas», en el que «el latín ocupaba un lugar privilegiado pues el ejercicio de la traducción servía

---

[3] Sobre la *Ratio studiorum* vid. por ejemplo, entre otros muchos textos, los contenidos en F. de Dainville (1969), E. Gil (1999), W. Soto (1999), J. A. Mesa (2019), y una aproximación sintética en O. Fuentes (2022).

para perfeccionar la lengua materna. En las clases era básica la *prelección* de un texto escogido, que ayudaba a formar la inteligencia juntando el análisis y la síntesis, y presentando el contexto histórico. La actividad personal del alumno era despertada por medio de preguntas y tareas, y estimulada por la emulación individual y las *concertaciones* (privadas o públicas)» (J. A. Ferrer 2020, 291). La eficacia y el éxito del modelo contribuyó indudablemente a su extensión y convirtió a los jesuitas en «los grandes educadores de la edad moderna», como escribió Manuel Revuelta, SJ, uno de los grandes historiadores de la educación jesuita en España. Y como él mismo dice, fue seguramente ese éxito, y el influjo social derivado del mismo, una de las claves fundamentales que explican las persecuciones que sufrieron en la segunda mitad del siglo XVIII (M. Reverter 1998, 2), y que desembocaron en la expulsión de los jesuitas de los territorios del Reino de España, en 1767, y en la supresión universal de la Compañía decretada por el papa Clemente XIV en 1773.

El primer colegio jesuita de Zaragoza forma parte, como decíamos, del impulso fundacional de los primeros años de la Compañía. Los primeros jesuitas –el P. Francisco de Rojas y el H. Hércules Bucceri– llegaron a la ciudad en 1547 con ese propósito, pero las circunstancias (las desavenencias con los sucesores de quien hizo la primera donación, los conflictos con otras órdenes religiosas por el llamado privilegio de las «canas»[4]...)

---

[4] La «cana» era una medida de longitud equivalente a dos «varas», y el de las canas era un privilegio pontificio otorgado a las órdenes mendicantes según el cual se prohibía la edificación de una casa religiosa a menos de 300 canas de distancia –unos 147 metros– de los conventos ya edificados. Habida cuenta de que la mayor parte de los ingresos de los religiosos procedía de las limosnas, con ello se intentaba evitar lo que hoy llamaríamos «competencia desleal» entre las diferentes órdenes, y proteger sus fuentes de ingresos. Y es por esa razón, apunta J. A. Ferrer (2020, 297), por lo que a diferencia de las órdenes mendicantes los colegios de jesuitas «debían estar *fundados*, es decir, disponer de un capital –entregado por el fundador o fundadores– de cuya renta

fueron dificultando y retrasando el proyecto del colegio, que comenzó su andadura, después de muchos avatares, en 1555. Los jesuitas adquirieron entonces algunas casas colindantes a la inicialmente adquirida frente a la Casa de los Morlanes. Entre las nuevas adquisiciones estaba la que había sido sinagoga mayor, que entonces era un granero. Allí se acondicionó y se consagró en 1557 la primitiva iglesia de la Compañía de Jesús en Zaragoza, con el título de Nuestra Señora de Belén. En 1567 se iniciaron las obras del colegio y en 1569 las de la nueva iglesia, que se construiría sobre la anterior y que se consagraría el 24 de noviembre de 1585 a la Inmaculada Concepción. Por eso el colegio se conocería no solo como el «colegio de la Compañía», sino también como el de la Purísima Concepción de Nuestra Señora[5].

---

se edificaría el colegio y se alimentarían los que en él vivieran y trabajaran». Esa condición, impuesta por el propio fundador, hizo que al aprobar la Orden el papa les diera a los jesuitas libertad plena para establecerse y fundar colegios y se les eximiera por tanto del mencionado privilegio. Pero esa exención no resolvía las reticencias de la mayoría del resto de las órdenes, reticencias que no solo eran económicas, sino también religiosas, derivadas de la renovación que la contrarreforma tridentina, avalada por los jesuitas, exigía de la vida religiosa y de las costumbres populares (J. A Ferrer 2020, 298). De ahí que la mayoría de las órdenes religiosas presentes en Zaragoza –salvo los dominicos y los jerónimos– se opusieran intensamente a que los jesuitas se instalaran y fundaran en la ciudad. Esa oposición dificultó la búsqueda del lugar donde ubicar el colegio. Después de varios intentos fallidos, los jesuitas acabaron comprando unas casas en estado ruinoso, pero que disponían de un gran solar, frente a la Casa de los Morlanes, en plena judería, justo donde había estado la sinagoga mayor. Esa sería la ubicación definitiva del colegio.

[5] Sobre la edificación y el conjunto arquitectónico del colegio cfr. N. Mendoza (2018, 340ss). Y en general sobre la historia (y la arquitectura) del primer colegio jesuita de Zaragoza, cfr.: A. Astrain (1902, 438-464), M.ª Isabel Álvaro *et. alii* (2010, 123-168), B. Boloqui (2001), A. Borrás i Feliu (1984), J. I. Fernández (2011), J. A. Ferrer (2020), J. C. Lozano (2001), N. Mendoza (2018) y F. Torralba (1952). El relato más antiguo que conocemos sobre el colegio zaragozano es el del jesuita Juan López de Arbizu, que escribió una historia en tres volúmenes, finalizada en 1752, en la que se narraban los 150 primeros años del mismo, desde su fundación hasta 1700. Sin embargo, solo

La desaparición del primer Colegio de la Compañía en Zaragoza

Como es normal, a lo largo de los años se sucederían otras muchas dificultades en el devenir del colegio. Algunas eran comunes a toda la ciudad, como por ejemplo las epidemias de peste en 1564 y 1652 (en este último caso, el propio colegio fue convertido en hospital); otras tuvieron que ver con la creación de las Escuelas de Gramática y Latinidad a finales del siglo XVI, ampliando así las funciones educativas del colegio, y con la fundación posteriormente de un segundo colegio, el del Padre Eterno, en la segunda mitad del siglo XVII, que despertó nueva oposición entre las parroquias y órdenes religiosas. De hecho, la búsqueda de localización para el mismo recordaría la vivida en 1554 para el colegio primigenio (N. Mendoza 2018, 336). El colegio del Padre Eterno era residencia de estudiantes y casa de probación. Se ubicó, al igual que las escuelas de Gramática, en la parte del Coso colindante con el colegio de la Purísima, con el que se comunicaban a través de un arco volado tendido en 1613 sobre la calle Nueva –o calle de san Jorge[6]– al que los zaragozanos acabaron llamando «Arco de la Compañía». Las últimas grandes dificultades vendrían con los pleitos con los escolapios, que llegaron a Zaragoza en 1732.

En cualquier caso, y a pesar de las dificultades, el colegio de la Compañía fue consolidando su posición en la ciudad. El número de jesuitas residentes en él fue aumentando: en 1564 eran 20; en 1574, 34; en 1600, 45; y a partir de 1700 había una

---

ha llegado hasta nosotros uno de esos tres volúmenes, el último, que abarca los años 1650 a 1700. De los otros dos se desconoce su paradero. Se sospecha que «probablemente desaparecieron en 1809, junto con otra mucha documentación del colegio, tras la explosión de un polvorín durante el segundo sitio» (J. C. Lozano 2001, 404).

[6] Vid. en N. Mendoza (2018, 338 y 343).

media de 60 religiosos en el colegio. A la par, fue creciendo la actividad educativa –las escuelas de Gramática comenzaron con cuatro clases y pronto alcanzaron los 250 alumnos, aunque esta cifra disminuyó luego con la inauguración de la Universidad de Zaragoza– y lo que hoy llamaríamos la acción pastoral –administración de sacramentos, predicación y catequesis, atención y acompañamiento espiritual, etc.–. Todo ello redundó en la fama y prestigio del trabajo de la Compañía en la ciudad y en el respaldo económico a la misma por parte de ciudadanos benefactores. Más de doscientos cincuenta jesuitas pasaron por el colegio zaragozano en sus aproximadamente dos siglos de historia[7] y cabe pensar que fueron miles los alumnos que vivieron en él y estudiaron en sus aulas. Entre estos últimos, por ejemplo, algunos conjeturan que pudo estar san Vicente de Paúl, «en calidad de doméstico, escolano o fámulo» (J. I. Fernández 2011, 61). Entre los primeros, destacan por ejemplo los nombres del escritor universal Baltasar Gracián (1601-1658), que pasó varias temporadas en el colegio zaragozano entre 1623 y 1658; el del historiador Vicente Requeno (1743-1811), que estudiaba Teología en sus aulas cuando se produjo la expulsión; o el de san José de Pignatelli (1743-1811), por supuesto, a quien le tocó vivir directamente en Zaragoza –y guiar a la Compañía en Italia– los difíciles años de la expulsión, la supresión y finalmente la restauración de la Orden, que él no llego a ver[8].

---

[7]   J. I. Fernández (2011, 191-199) recoge una lista de los jesuitas que se sabe que pertenecieron al colegio zaragozano.

[8]   De familia noble de origen italiano, José de Pignatelli (1737-1811) fue el penúltimo de los ocho hijos del matrimonio Pignatelli-Moncayo. Entre sus hermanos están el político ilustrado Ramón de Pignatelli (1734-1793), uno de los hombres más prestigiosos del siglo XVIII aragonés, y el también jesuita Nicolás de Pignatelli (1740-1804). José de Pignatelli fue canonizado en 1954 por Pío XII. Sobre la vida de Pignatelli véase el trabajo de J. A. Ferrer Benimeli, SJ (2011). Entre otras obras dedicadas al santo, cabe destacar también la del P. Florencio Zurbitu, SJ (1920). El libro de Zurbitu fue el primer volumen (y el

Tanto José de Pignatelli como su hermano Nicolás habían sido alumnos del Colegio de la Purísima; de hecho, fueron los únicos alumnos externos en régimen de internado (J. A. Ferrer 2011, 16-17). Fue entonces cuando José de Pignatelli trabó amistad con otro niño zaragozano, nacido en Tarazona: José Doz (1738-1813), que ingresó como novicio en la Compañía de Jesús en 1752 (un año antes que Pignatelli) y que era sacerdote y maestro de gramática, también como Pignatelli, en el colegio de Zaragoza en el momento de la expulsión. Doz vivió el destierro con su íntimo amigo Pignatelli, y este lo nombraría heredero universal de sus bienes.

Siguiendo el ejemplo de Doz, José de Pignatelli había ingresado como novicio jesuita en Tarragona en 1753, estudió Letras y Filosofía en Manresa y Calatayud, y volvió a Zaragoza para estudiar Teología en 1759. Una vez ordenado sacerdote (en 1762) su primer destino fue enseñar en la escuela de Gramática a los niños del colegio. «Allí permaneció cuatro años como maestro de Gramática, que aprovechó para introducir en el colegio la práctica de los seis domingos en honor de san Luis Gonzaga y organizar un coro de niños que iban a la catedral todos los domingos a cantar. Se dedicó también a las confesiones, al catecismo en la iglesia, predicaciones en las plazas, especialmente en la plaza del mercado, y a visitar a los enfermos en los hospitales y a los condenados a muerte. Y es aquí donde adquirió tal fama que era conocido como *el padre de los condenados*» (J. A. Ferrer 2011, 23), o «*de los ahorcados*» (J. I. Fernández 2011, 171)[9]. Y

único, que sepamos) de la «Biblioteca de El Salvador», un proyecto editorial de la recién nacida Asociación de Antiguos Alumnos (constituida en mayo de 1919) que no llegó a cuajar.

[9] Algunos especulan con la posibilidad de que, en sus años en el colegio zaragozano –bien como maestro, una vez ordenado sacerdote, o bien como estudiante de Teología–, uno de los alumnos del santo fuera el pintor Francisco de Goya, aunque otros dicen que este estudió con los escolapios. Como señala J. A. Ferrer Benimeli (2011, 23-24) «es una cuestión que queda en el aire, como mera curiosidad recogida por algunos biógrafos, aunque con muy escasos visos

en el colegio, enseñando letras a los más pequeños, le tocó vivir la expulsión.

La segunda mitad del siglo XVIII fue un siglo de persecuciones y penalidades para la Compañía de Jesús. La extensión y el influjo social de los jesuitas en aquel tiempo era enorme, pero también, y precisamente por eso, eran muchos y poderosos los enemigos de la Orden. Durante el siglo XVII, a la vez que la Compañía iba creciendo, lo hacía también el estereotipo antijesuita, que perdurará a lo largo del tiempo e irá adquiriendo nuevos perfiles[10]. No era solo una cuestión religiosa la que animaba las campañas antijesuíticas, aunque también, sino fundamentalmente político-económica. Pero empezó a extenderse la idea de que los jesuitas constituían un grave riesgo para el Estado, para la Iglesia y para la sociedad. Tales discursos calaron en la mentalidad del tiempo, tomaron lo que podríamos llamar forma gubernativa y comenzaron las primeras expulsiones de los jesuitas de los reinos europeos[11]. En 1759 se produjo la expulsión de los jesuitas de Portugal y entre 1761 y 1762 tiene lugar su disolución en Francia. En España, el rey Carlos III decretó la expulsión de los jesuitas de los reinos de España el 27 de febrero de 1767. Las *razones* que motivaban la expulsión

---

de realidad». El que sí que parece que estudió con los jesuitas fue su cuñado Francisco Bayeu (1734-1795), que además en 1755 pintó para el colegio el retrato del escultor jesuita, el hermano Pablo Diego Ibáñez (o «Lacarre»). Nacido en Calatayud en 1676 en una familia de artistas y artesanos, el H. Pablo Diego ingresó en la Compañía en 1701 y estuvo principalmente destinado en el colegio de Zaragoza, donde falleció en 1755 y donde dejó una importante obra escultórica.

[10] La crítica más famosa, por su ironía y su brillantez, sería la que haga Pascal en sus *Cartas provinciales*, aunque las raíces culturales de la formación de dicho estereotipo son más amplias. Sobre esta cuestión cfr. T. Egido (2012). En cualquier caso, la imagen del jesuita como un individuo ladino y peligroso perdurará hasta el punto de que el propio término *jesuita* se utilizará como sinónimo de hipócrita o taimado.

[11] Sobre el proceso de expulsión y supresión de la Compañía entre 1759 y 1773, nos remitimos a J. A. Ferrer Benimeli (2013).

son diversas, tanto económicas (la incautación de los bienes de la Compañía era una «desamortización camuflada», como dice Ferrer Benimeli, para paliar las graves dificultades económicas que atravesaba el país) como políticas e ideológicas (la defensa del regalismo de la Corona frente al jesuitismo, defensor del pontificado), y entre ellas el influjo social de la red de colegios era una muy importante: «Los jesuitas habían conseguido un considerable poder en la enseñanza y controlaban, directa o indirectamente, un amplio sector de la juventud de los colegios de nobles y de los colegios mayores, que luego ocuparía cargos importantes del Estado, gran parte de las cátedras universitarias y también no pocas de las magistraturas de audiencias, cancillerías y consejos, así como los beneficios eclesiásticos y, desde que en España empezó a reinar la casa de Borbón, también el confesonario regio. Su influjo se extendía, pues, a la enseñanza (y con ella al porvenir de la juventud), pero alcanzaba también a la organización del Estado y hasta la conciencia de los reyes, por no hablar de las repercusiones económicas que todo esto suponía» (J. A. Ferrer Benimeli 2103, 63). Pero la *excusa* para decretar la expulsión fueron los motines que se produjeron en 1766, de los que se acusó falsamente a los jesuitas como incitadores y organizadores. El más célebre de esos motines fue el de Madrid (motivado por la prohibición de Esquilache de usar capas largas y sombreros gachos), pero las protestas sociales se extendieron por varias ciudades españolas, entre ellas Zaragoza, donde el 6 de abril de 1766 comenzó el llamado «motín del pan» (por la crisis de subsistencias que lo motivaba) o «de los broqueleros» (por el nombre que se dio a sus represores, ya que se otorgó a quienes habían luchado contra los amotinados un privilegio para exhibir en sus casas un escudo o broquel con las armas de la ciudad). La protesta de Zaragoza, que duró nueve días, fue una de las más violentas (con 60 muertos), como también lo fue la represión que la siguió (hubo 8 ajusticiados). Y ello a pesar de las gestiones, entre otros, de jesuitas como José de Pignatelli y José Doz, que trataron de mitigar los alborotos, atender a las víctimas y evitar incendios y saqueos.

Los motines, como decimos, fueron el pretexto perfecto para ordenar la expulsión de los jesuitas de España. Esta se llevó a cabo mediante la *Pragmática sanción* de Carlos III, que el 2 de abril de 1767 decretaba «*el estrañamiento de estos Reynos a los Regulares de la Compañía, ocupación de sus Temporalidades, y prohibición de su restablecimiento en tiempo alguno, con las demás prevenciones que expresa*»[12]. Los días 1 (en Madrid) y 3 de abril (en el resto de la España metropolitana) todas las casas de los jesuitas se vieron cercadas militarmente desde el alba. Así ocurrió también en el colegio de Zaragoza, donde a primera hora de la mañana el comisario regio comunicó al rector, el P. José Antonio Arnal, la orden de expulsión[13]. Fue José de Pignatelli quien, por encargo del rector, acompañó a la comitiva que inspeccionó los dos colegios contiguos (el de la Purísima y el del Padre Eterno) para la incautación de sus bienes. Los jesuitas permanecieron recluidos en el refectorio del colegio hasta su salida definitiva, que debía tener lugar «dentro de veinticuatro horas, contadas desde la intimación del extrañamiento». La salida se produjo en la mañana del día 4, en los carruajes preparados al efecto y escoltados por tropa de paisano. Abandonaron la ciudad por «la puerta de los mártires» en dirección a la casa-noviciado de Tarragona, donde muchos de ellos habían comenzado su vida jesuítica; y desde allí al puerto de Salou, donde embarcaron hacia Italia, comenzando así un largo peregrinaje como apátridas, lleno de penalidades, que se agravó con la extinción universal de la Compañía de Jesús por el papa Clemente XIV. La supresión pontificia se llevó a cabo mediante el breve *Dominus ac Redemptor noster*, de

---

[12] Puede consultarse la *Pragmática sanción* en la Biblioteca Digital Hispánica: http://bdh-rd.bne.es/viewer.vm?id=0000080041&page=10

[13] Puede leerse el relato de los momentos de la expulsión del colegio en J. I. Fernández Marco (2011, 174ss).

21 de julio de 1773. El breve papal decretaba la secularización de los jesuitas y su desposesión de todas sus casas y bienes, en lo que parecía un claro espaldarazo a las decisiones de los monarcas europeos y entre ellos, muy particularmente, a la del español Carlos III. Para aprovechar ese impulso, el rey publicó rápidamente el breve del papa, dándole fuerza de ley, lo que supuso un golpe de gracia definitivo para la esperanza de volver a España que muchos jesuitas mantenían hasta entonces (M. Revuelta 2013, 37).

En el momento de la expulsión, en 1767, la asistencia jesuítica de España contaba con cerca de 5000 jesuitas –2727 en la metrópoli y 2267 en América y Filipinas–. En ese momento en España había 114 colegios jesuitas, públicos y gratuitos, además de algunas residencias en las que se enseñaban las primeras letras. De ellos, 28 estaban en la entonces provincia jesuítica de Aragón, que además de la actual región aragonesa incluía las de Cataluña, Valencia y Baleares (a los colegios ubicados en esas regiones habría que sumar los de Perpiñán y Cerdeña y los de las provincias de ultramar dependientes de los jesuitas aragoneses). En Aragón propiamente dicho entre los siglos XVI y XVIII, además de otras residencias los jesuitas fundaron colegios en Zaragoza (1555), Calatayud (1584), Tarazona (1591), Huesca (1605), Graus (1651), Teruel (1699) y Alagón (1754)[14]. Es fácil pensar en el tremendo vacío educacional que dejaron tras la expulsión y el profundo y negativo impacto en la enseñanza en España que tuvo la supresión de la Compañía de Jesús: «Existen abundantes testimonios sobre las desastrosas consecuencias que la expulsión de los jesuitas tuvo en la enseñanza secundaria en España que, sin llegar a los tonos elegíacos de Menéndez y

---

[14] Sobre el colegio de Calatayud, cfr. A. Marco (1976); sobre el de Tarazona, F. Torralba (1957) y R. Carretero (2016); sobre el de Huesca cfr, J. A. Ferrer Benimeli (2008); sobre el de Teruel, J. M. Latorre (2020, 135-139); y en general sobre los colegios aragoneses, cfr. N. Mendoza (2010).

Pelayo (que afirmó en 1878 –cuando escribió su *Historia de los heterodoxos españoles*– que el hecho de encontrarse España entre las naciones más atrasadas de Europa se debía en buena parte al cambio de personal docente en los colegios de la Compañía), lamentan la desaparición de unos maestros que han dejado un hueco imposible de llenar» (R. Álvarez 2009, 91ss). De hecho, como señala el historiador Guillermo Vicente y Guerrero (2010, 19), uno de los principales problemas que tuvieron que abordar los constituyentes de Cádiz fue el de «la penosa situación de los estudios intermedios de retórica y latinidad, a los que la expulsión de los jesuitas en 1767, orden que tradicionalmente se había encargado de su enseñanza, afectó en muchos lugares de forma ciertamente negativa»[15].

Entre 1766 y 1767 en Zaragoza residían 74 jesuitas (61 en la comunidad del Colegio de la Inmaculada y 13 en la del Padre Eterno), pero según el listado oficial de los expulsos de Zaragoza del colegio salieron 54 (37 sacerdotes y 16 coadjutores) y de la casa de probación 10 (6 sacerdotes y 4 coadjutores)[16]. A todos ellos solo se les permitió llevarse un hatillo con el breviario, un libro de devoción, cosas de aseo y ropa blanca. Todos los bienes de la Compañía fueron incautados y destinados a otros fines. Mediante Real Cédula de 25 de agosto de 1769 el llamado «colegio grande», o de La Purísima, se convirtió en el Seminario Sacerdotal de San Carlos (que hasta entonces se ubicaba en la plaza del Reino), y el colegio del Padre Eterno y la casa de ejercicios contigua se destinarían a Seminario Conciliar, «*dexando subsistente el pasadizo que hay, para el edificio donde están las Escuelas*» (el conocido popularmente entonces como «Arco de la Compañía»). El resto de los terrenos se destinarían a la construcción de casas, para beneficio de

---

    [15]   Vid. además M. Revuelta (2012b, 1868-1869).
    [16]   J. A. Ferrer Benimeli (2011, 105-106) recoge el listado de 1771 de Fernando Coronel, que fue uno de los comisarios reales nombrados para controlar a los jesuitas expulsados.

la nueva Fundación. El traslado de los miembros del Seminario sacerdotal al antiguo colegio de la Purísima se llevó a cabo en abril de 1770, y la apertura del Seminario Conciliar en el antiguo colegio del Padre Eterno (dedicado ahora a san Valero y San Braulio) se retrasó hasta 1786, después de reformarlo. Ambos edificios quedaron comunicados por el Arco de la Compañía, mientras que las aulas de las Escuelas, que mantuvieron su función educativa, se aislaron del conjunto. El Seminario Conciliar (el edificio del colegio Padre Eterno) fue destruido por una explosión en 1808, durante la guerra napoleónica, y el de San Carlos acogió a los seminaristas hasta 1848, año en que se inauguró el Seminario de la Plaza de la Seo.

Así pues, a finales del siglo XVIII la presencia jesuítica en Zaragoza desapareció por completo, o quedaba para el recuerdo: en la historia de los muros, los retablos y las imágenes del viejo Colegio de la Purísima, por supuesto, convertido desde entonces en el Real Seminario de San Carlos; pero quizás también en la memoria de sus familiares, sus alumnos y sus amigos. Parte de esa memoria viva, quizás, es la que acogería y haría posible el retorno de la Compañía de Jesús a la ciudad casi cien años más tarde, a mediados del nuevo siglo.

La (difícil) restauración de la Compañía de Jesús en España

No podemos detenernos en todos los avatares de los jesuitas en los años inmediatamente posteriores a la expulsión real y la supresión papal[17]. Lo cierto, sin embargo, es que la extinción universal de la Compañía de Jesús en 1773 no supuso su desaparición total. Pervivió durante unos años en Prusia (hasta 1780) y de forma duradera en Rusia, países en los que tanto el

---

[17] Cfr. los ya mencionados trabajos de J. A. Ferrer (2011, 2013) y M. Revuelta (2013) u otros como I. Fernández Arrillaga (2013), E. Giménez López (2022), entre otros; o una versión literaria en la novela de P. M. Lamet (2011).

rey Federico como la zarina Catalina, respectivamente (ambos, curiosamente, monarcas no católicos), prohibieron a sus obispos, bajo severísimas penas, la publicación o intimación del breve de extinción. Eso significó legalmente la pervivencia de la Compañía en aquellos territorios. En Europa surgieron algunos sucedáneos de la Orden –como la Compañía del Sagrado Corazón de Jesús y la Compañía de la Fe en Jesús– que animaban a su restablecimiento, y a principios del siglo XIX empezaron a producirse aprobaciones parciales y solicitudes de restablecimiento de la Compañía[18]. La restauración definitiva vino de la mano del papa Pío VII, que en 1814, mediante la bula *Sollicitudo ominum ecclesiarum*, restablecía la Orden en su integridad y con carácter universal[19]. Aunque la publicación de la misma estaba prevista para el día 31 de julio, festividad de san Ignacio, finalmente tuvo lugar el 7 de agosto, en una ceremonia presidida por el propio papa y celebrada en la *Cappella dei Nobili*, junto a la romana iglesia del Gesú, la iglesia madre de los jesuitas (M. Revuelta 2013, 135-138).

Pero la bula de Pío VII solo era automáticamente aplicable en los Estados Pontificios. En el resto del mundo su aplicación dependía del modelo de cada Estado, de las relaciones que estos mantenían con la Santa Sede, de la configuración de la libertad religiosa y de la forma, por lo tanto, en la que se reconociera a la Orden. Por eso el restablecimiento de la Compañía fue lento

---

[18] En España se produjo un breve retorno en 1798, porque el rey Carlos IV autorizó el regreso de los jesuitas españoles por los problemas que estaban teniendo para cobrar sus pensiones, debidos a la ocupación francesa de Italia. Se calcula que volvieron unos 700, pero en 1801 fueron nuevamente expulsados (M. Revuelta 2013, 86-88).

[19] El documento es una constitución apostólica o bula, y por lo tanto de rango superior al de los breves, que era el instrumento que se utilizó para la supresión. Vid. un pequeño análisis del documento en M. Revuelta (2013, 131-135), que además lo recoge traducido (pp. 361-365). La bula concedía expresamente a la Compañía la dedicación a la instrucción de la juventud en seminarios y colegios.

y diverso, según las circunstancias y el régimen político de cada país[20]. En España en ese momento reinaba Fernando VII con carácter absoluto, tras abolir la Constitución de 1812. Y por eso la restauración de la Orden vino por medio de varios decretos del propio soberano, que primero autorizó su restablecimiento «en las ciudades y pueblos que lo han pedido» (29 de mayo de 1815), luego «en los reinos de las Indias, islas adyacentes y de Filipinas» (10 de septiembre de 1815) y finalmente de modo «extensivo, general y sin limitación a todos los demás de los dominios de S.M. en que se hallaba establecida al tiempo de su extrañamiento» (3 de mayo de 1816)[21]. Desde ese momento, y muy poco a poco, se fue produciendo el «retorno» de los jesuitas, exiliados o dispersos por la península, y la reapertura de casas de la Compañía en diversas ciudades españolas, con el objetivo de recuperar poco a poco su actividad pastoral y educativa.

En Aragón los primeros jesuitas de la «nueva Compañía» llegaron el 11 de abril de 1817 a la localidad oscense de Graus, para refundar el antiguo colegio de San Francisco Javier. Eran dos sacerdotes: el turolense Mariano Arascot y el riojano Juan José Zenzano, a los que siguió casi inmediatamente el zaragozano Ignacio Abad. Eran ancianos, para la época; habían vivido en primera persona la extinción de la Orden; como en otros casos, habían hecho sus primeros votos como jesuitas antes de la supresión y los definitivos habían tenido lugar casi cincuenta años después, tras la restauración[22]. A ellos se

---

[20] Sobre los diferentes modelos de restablecimiento de la Compañía en diversos países, véase M. Revuelta (2013, 139-201).

[21] Como escribió Manuel Revuelta (2013, 209), en España «la restauración de la Compañía se hizo con criterios regalistas, al igual que la expulsión. Si en la expulsión todo quedó regulado por el poder real representado por Carlos III, en la restauración todo quedó regulado por el poder real en nombre de Fernando VII. La diferencia estaba en que el regalismo, que perjudicó a la Compañía en tiempos de Carlos III, la favorecía en tiempos de Fernando VII».

[22] Mariano Arascot, nacido en Teruel el 6 de octubre de 1748, ingresó en la Compañía en 1762 y falleció a los pocos días de su llegada a Graus, el 20 de

les sumaron poco a poco en los cursos siguientes otros jesuitas nuevos, jóvenes que acababan de incorporarse a la Orden, en la que llevaban un año o dos: Mariano Puyal, Gregorio Sánchez, Sebastián Sancho, Tomás Massa, Jerónimo Bosch...[23] Esas diferencias generacionales que se observan en el caso de Graus eran una de las dificultades en la nueva marcha de la Orden fundada por san Ignacio. Tengamos en cuenta que la estructura demográfica de la Compañía no era muy «normal», por así decirlo: Por un lado, estaban los jesuitas antiguos, que eran pocos y demasiado viejos[24]; y por otro los nuevos, que eran la mayoría y demasiado jóvenes[25]. En 1820 había 396 jesuitas en

---

abril de 1817. Juan José Zenzano era natural de Logroño (23 de mayo de 1749), había ingresado en la Compañía en 1763, hizo sus últimos votos el 15 de abril de 1816 y falleció en Valencia el 5 de abril de 1827. Ignacio Abad nació en La Almolda (Zaragoza) el 29 de abril de 1742, ingresó en la Compañía en 1759, hizo sus últimos votos el 8 de diciembre de 1817 y falleció en Graus el 12 de febrero de 1818.

[23] Mariano Puyal nació en Barbastro (Huesca) el 14 de octubre de 1792, ingresó en la Compañía en 1816 y murió en Madrid el 6 de octubre de 1855. Gregorio Sánchez, coadjutor, nació en Serranillos (Madrid) el 24 de diciembre de 1787, ingresó en la Compañía en 1817 y murió en Madrid el 24 de noviembre de 1871. Sebastián Sancho, nacido en Palma de Mallorca el 2 de diciembre de 1780, ya era sacerdote cuando entró en la Compañía en 1817; murió en Madrid el 18 de abril de 1834. Y el italiano Tomás Massa, nacido en Bolonia el 28 de octubre de 1791, ingresó en la Compañía en 1816 y murió en Roma el 18 de diciembre de 1830. Jerónimo Bosch era novicio coadjutor y no consta su fallecimiento en la Compañía, por lo que debió de abandonar la Orden.

[24] M. Revuelta (2013, 240ss). «Los 5300 jesuitas expulsados de los dominios españoles en 1767 no llegaban a 500 en 1814, en el momento de la restauración», y entre ellos había una gran diversidad de situaciones: exiliados en Italia viviendo como particulares o integrados en la Compañía en Nápoles y Sicilia, otros dispersos en España, otros habían sido dispensados de sus votos y habían contraído matrimonio... De todos ellos, 127 se incorporaron a la Compañía restaurada. El mayor de ellos era un aragonés nonagenario: el P. Juan José Moreno, nacido en Aliaga (Teruel) el 26 de noviembre de 1722, que ingresó en la Compañía en 1739 y murió en Zaragoza en 1820.

[25] M. Revuelta (2013, 253ss). Las vocaciones eran muy numerosas. Entre 1816 y 1820 entraron en la Orden 467 novicios, aunque más de la mitad no

España, de los que 75 eran sacerdotes, 201 escolares (novicios y estudiantes) y 120 hermanos coadjutores. Y de los 75 sacerdotes, que son los que asumían las mayores responsabilidades, 64 eran ancianos de la antigua Compañía y 11 eran sacerdotes que habían ingresado como jesuitas después de 1816. «La conexión de unos con otros no deja de ser admirable –escribió el historiador Manuel Revuelta (2013, 240)–; pero el acople tuvo sus riesgos».

A las dificultades generacionales y de escasez de personal se sumaban también las económicas, ya que «al tratarse de un restablecimiento estatal, aprobado y dirigido por el rey absoluto, la Compañía quedaba en una situación de dependencia económica del Estado, pues los jesuitas tenían que establecerse en las antiguas casas con las temporalidades que les devolvieran»; lo cual «suponía una garantía, pero también una servidumbre, con la agravante de la recesión económica de un país arruinado por la guerra y de la disminución de las antiguas temporalidades» (M. Revuelta 2013, 319). La mayor parte de los edificios incautados en 1767 (como el colegio de Zaragoza) habían sido entregados a otras instituciones y las mejores fincas habían sido enajenadas. La devolución de los bienes no fue completa (y generó nuevas animadversiones hacia la Orden restaurada entre quienes se vieron desalojados o amenazados con ello). Una de las consecuencias de todo ello, en la que luego insistiremos, es que muchos colegios ya no podrían subsistir con las rentas existentes, como antaño, lo que obligará a replantear el modelo de los mismos.

Pero las mayores dificultades para el restablecimiento de la Compañía serían de orden sociopolítico, y vendrían dadas por el contexto de tensiones y transformaciones que atraviesa todo el siglo XIX español: entre liberales y conservadores, absolutistas y moderados, carlistas e isabelinos, monárquicos y

---

llegaron a hacer votos. Sobre las dificultades derivadas de la estructura demográfica de la Compañía, cfr. también A. Verdoy (2014, 18).

republicanos, clericales y anticlericales, etc. Durante esos años, hasta bien entrado el siglo XX, los jesuitas tendieron a alinearse con los sectores conservadores de la sociedad, debido a los ataques que sufrían por parte de los liberales más radicales[26], que se tradujeron en nuevas experiencias de persecución y de supresión, en función de los vaivenes políticos, en 1820, 1835 y 1868. La presencia de la Compañía de Jesús chocaba con el proyecto liberal de transformar la sociedad española iniciado con las Cortes de Cádiz, sobre todo en lo que hace a su labor educativa. El antijesuitismo no era un fenómeno nuevo ni exclusivamente español; puede decirse que las revoluciones liberales no casaban del todo ni con la libertad religiosa ni con el jesuitismo, cada vez más extendido[27]. Pero en España, a finales del siglo XIX y luego a principios del siglo XX, esa tensión

---

[26] Tal como explica M. Revuelta (2014, 47), la Compañía renace «en una cuna marcada por un ambiente políticamente antiliberal, sociológicamente conservador y religiosamente apologético. Esta marca de origen será como un estigma que condicionará su carácter y espíritu durante muchos años». Según el historiador jesuita el hecho histórico de la restauración favorece un «espíritu o talante restauracionista» que se mantendrá hasta mediados del siglo XX. «En líneas generales este espíritu restauracionista prefería buscar seguridades en las costumbres establecidas y hallar respuestas en las doctrinas tradicionales, en vez de afrontar los riesgos de nuevas experiencias, amistades y compromisos». De todas formas, y a pesar del análisis de Revuelta, lo más arriesgado para la Compañía en aquellos tiempos era precisamente ese talante restauracionista y conservador, que, en cierto modo, nacía a su vez de los ataques que sufrían por parte del liberalismo naciente, que en ocasiones parecía imponer un nuevo regalismo (o galicanismo) y no resultaba tan «liberal» como podría parecer a primera vista.

[27] A modo de ejemplo, véase lo que cuenta el jurista e historiador aragonés G. Vicente (2022) sobre el proceso constitucional noruego de 1814 (con interesantes paralelismos respecto al español de 1812), que en el artículo 2 de la Constitución vetó el acceso de los jesuitas al Reino de Noruega, una cláusula que no despareció ¡hasta 1956! En el siglo XIX en Europa los jesuitas también fueron expulsados por cierto tiempo de los Países Bajos (1818), Rusia (1820), Portugal (1834), Suiza (1847), Austria y Hungría (1848 y 1874), Alemania (1872), Italia (1873), Francia (1880 y 1901); y en América de Colombia (1850), Ecuador (1852), Brasil (1889) y Costa Rica (1884).

se vio aumentada por las peculiaridades de la situación política del país. El anticlericalismo se convirtió en un signo de identidad en el debate social y político. Y el *antijesuitismo* en un modo específico de anticlericalismo: el anticlericalismo por excelencia[28].

Así pues, con la llegada del Trienio Constitucional o Liberal (1820-1823) se produjo en España una nueva supresión de la Compañía de Jesús, aunque ahora quien se oponía a la Orden no era el monarca absoluto, como en caso de Carlos III, sino el poder liberal, y en este momento los «enemigos» del Estado ya no eran solo los jesuitas, sino todos los frailes. Pero en el caso de los jesuitas, como dice Manuel Revuelta (2013, 349), había algunas circunstancias que los harían especialmente ominosos a los ojos de los liberales: por un lado, era sospechoso que hubieran sido restablecidos por un rey absoluto; y, por otro, resultaba molesta la vitalidad que había mostrado la Compañía al ser restaurada y el aprecio que despertaba en los pueblos. «Los proyectos liberales de reducir el número de religiosos se contradecían con el aumento de los odiados jesuitas, tanto más cuanto que los recién venidos parecían dispuestos a reanudar la enseñanza de la juventud, en la que se jugaba el futuro de España». La supresión de 1820, dice Revuelta, será el modelo de las de 1835, 1868 y 1932. Se decretó el 14 de agosto y se publicó en la *Gaceta del Gobierno* el 15 de septiembre. Y su ejecución no fue difícil dado el escaso número de comunidades (16) y de jesuitas (436) que entonces había en España, que no fueron expulsados, sino dispersados.

Pocos años después, en 1823, el final del Trienio y el triunfo de los realistas trajo consigo la segunda restauración

---

[28] Hasta el punto de que las protestas sociales se convirtieron en muchos casos, y de modo inesperado, en movimientos anticlericales, y estos en antijesuíticos. Sobre el antijesuitismo como un «modo específico de anticlericalismo», cfr. M. Suárez (1998, 157-159) y una visión general del anticlericalismo a lo largo del siglo XIX en M. Revuelta (1999).

de la Compañía de Jesús en España, durante la llamada *Década ominosa*, que corresponde a la fase final del reinado de Fernando VII (1823-1833). Durante ese periodo la Orden se consolidó. Los jesuitas volvieron a reorganizarse, se reabrieron las casas establecidas en 1815 y se iniciaron nuevos proyectos. La Compañía empezó a atraer a gente joven, aunque –como dice Revuelta (1984, 16)– los jesuitas «se mostraron más comedidos en atraer candidatos». Pero con la muerte de Fernando VII, en 1833, y el estallido de la primera guerra carlista (1833-1840) cambiaron nuevamente las tornas. Bajo la regencia de María Cristina la revolución liberal vino acompañada de violencia anticlerical, azuzada por el descontento social y los rumores desatados en torno a la epidemia de cólera que asoló el país, de la que se acusaba a los religiosos. En Zaragoza, el 5 de julio, se saquearon e incendiaron varios conventos y fueron asesinados 11 religiosos y dos sacerdotes seculares. En Madrid, el 17 de julio de 1834 fueron asesinados 73 frailes en el asalto a varios conventos, el primero de ellos el Colegio Imperial de los jesuitas de Madrid, donde fueron asesinados 17 jesuitas. Mediante un Real Decreto firmado el 4 de julio de 1835 (y publicado en la *Gaceta de Madrid* el martes 7 de julio), que se parecía bastante al de 1820, el Gobierno disolvió nuevamente la Compañía de Jesús.

La supresión se extendió luego a las demás órdenes religiosas y se hizo general en 1836 con la desamortización de Mendizábal. La extinción de la Compañía en 1835 supuso el cierre de diez casas y la exclaustración de los 363 jesuitas que vivían en ellas, casi todos ellos en Madrid (201). Y sus bienes fueron destinados al pago de la deuda pública. Únicamente consiguió mantenerse abierta la casa de Loyola –«al amparo de las guerras carlistas», como dice Revuelta–, hasta el 24 de diciembre de 1840. Los jesuitas españoles se repartieron en tres grupos: unos quedaron dispersos en la península, otros marcharon a reforzar la misión de Argentina y otros emigraron al extranjero. Los novicios fueron enviados a Francia, donde se estableció el noviciado (lo que supondrá en el futuro inmediato una importante influencia en la educación jesuita de la lengua y la cultura francesa). «Hacia 1850 –añade Revuelta (1984, 16)– la provincia se divide en secciones y algunos dispersos se reúnen en *coetus* o residencias camufladas. La Compañía española seguía estando fuera de la ley, pero estaba viva, como el fuego bajo las cenizas. Por eso fue capaz de aparecer tan pronto como lo permitió la situación política»[29].

Y esa nueva oportunidad –la *tercera* restauración de la Orden en España en ese siglo– vino con el Concordato de 1851, firmado bajo el reinado de Isabel II (1833-1868). En realidad, en esta ocasión no se llevó a cabo un restablecimiento general o incondicional de la Orden, sino que se fueron produciendo autorizaciones parciales «para abrir casas concretas con fines determinados, fundamentalmente misionales. Los jesuitas viven, por lo general, en edificios ajenos, cedidos por el Gobierno o los obispos» (M. Revuelta 1984, 17). Son años de abundancia de vocaciones, de expansión misional y de nuevo impulso de la labor educativa, con la apertura de colegios como el de Carrión de los Condes (1854), Manresa (en 1864), el Puerto de Santa María (en 1867) y Graus, Valls y Orihuela (en 1868). Un impulso que la siguiente supresión de la Orden, propiciada por las Juntas revolucionarias en 1868, ya no logrará parar.

---

[29] «Es importante el precedente que adoptan los jesuitas en esta expulsión: organizar casas en el exilio para los novicios y los jóvenes. Fue llamativo este afán de pervivencia, que no aparece en los demás religiosos exclaustrados. Los jesuitas se resisten a desaparecer y crean banderines de enganche que les permiten tener gente dispuesta a volver en la primera oportunidad. Mientras España les cierra la puerta, dan el salto a América continental, cuando les invitan a establecerse en Argentina en 1836 y en Colombia en 1844». Cfr. M. Revuelta (2006, 219).

La vuelta de los jesuitas a Zaragoza en el siglo XIX

En su *Manual para viajeros y lectores en casa*, publicado en 1846, el viajero e hispanista inglés Richard Ford (1796-1858) decía que Zaragoza era entonces «una ciudad monótona, sombría y anticuada», impresionante si se mira desde fuera –«con sus esbeltas torres y espiras»–, pero pobre y fea vista desde dentro: «las calles son apenas otra cosa que callejas tortuosas, mal pavimentadas y peor iluminadas»; los palacios están en estado de semirruina y los patios nobles convertidos en graneros y almacenes de basura; en las calles los carros bloquean el paso y llenan las calles de ruido, porquería y mal olor... «Zaragoza no entretendrá largo tiempo al viajero», concluía el hispanista inglés, porque aquí los invasores lo han arruinado todo.

Tal como insisten los historiadores, seguramente sea algo simplista achacar el estancamiento económico y la parálisis social de Zaragoza que trasluce la visión del viajero inglés *únicamente* a los desastres de la guerra, pero es indiscutible que los sitios de 1808 y 1809 diezmaron demográficamente (solo sobrevivió un 23 % de la población) y arrasaron urbanísticamente la ciudad. La recuperación fue lenta y vino acompañada de los conflictos y las tensiones de la época (como la amenaza de las guerras carlistas). Y seguramente también fue posible por tales tensiones. En cualquier caso, no cabe duda de que para Zaragoza, como para el resto de España, el XIX es un siglo de profundas transformaciones. Como resume el historiador Carlos Forcadell (1998, 9) «la vieja ciudad feudal y absolutista» se transforma a lo largo del siglo XIX en una «nueva ciudad burguesa y liberal, un tránsito perfectamente acompasado con las transformaciones de la sociedad española y con la construcción de un nuevo estado liberal».

Esa transformación se advierte en la evolución de la población, que se dobla a lo largo del siglo: de los aproximadamente

45 000 habitantes en 1806 se pasa a casi 100 000 en 1900; a mediados de los años cincuenta del XIX, cuando los jesuitas vuelven a Zaragoza, la población ronda los sesenta mil habitantes. El crecimiento de la población es a la vez industrial y económico (potenciado, sin duda, por la conversión de la ciudad en un gran nudo ferroviario a partir de los años sesenta[30]) y se percibe también en la iluminación y el saneamiento, la seguridad, la información, el ocio y la cultura, etc.[31] Y toma forma, por supuesto, en el urbanismo de la ciudad. Zaragoza durante el siglo XIX sigue siendo «el viejo rectángulo de la ciudad romana abrazado por el Coso, tradicionalmente ampliado en su eje horizontal por el barrio de San Pablo hacia el oeste, y por el Coso Bajo y Tenerías en la parte oriental» (C. Forcadell 1998, 11). Pero es entonces cuando comienza a expandirse hacia el sur: a mediados del siglo XIX (hacia 1850) se abre el Salón de Santa Engracia, lo que hoy es el Paseo de la Independencia, y a finales del siglo la ciudad se *ensancha* hacia Torrero, por lo que hoy es el Paseo de Sagasta; además, desde los años cincuenta

---

[30] En agosto de 1861 se inauguró la estación de Zaragoza como punto final de la línea Barcelona-Lérida-Zaragoza, que quedó definitivamente abierta al público el 26 de septiembre del mismo año. Y unos años más tarde llegaría la línea Madrid-Zaragoza, que conectaba también con Alsasua. Cfr. C. Faus (978, 10-11).

[31] A modo de ejemplo, sirva lo que cuenta Carlos Forcadell (1998, 38): «En 1837 comienza también en Zaragoza la renovación del alumbrado con faroles de reverbero, todavía de aceite antes de que lo sean de gas, que daban más luz y que estaban instalados en candelabros y farolas de hierro fundido. La luz, como la fuerza pública y como los serenos, es un factor de seguridad. Por las mismas fechas el ayuntamiento se preocupa de que los vecinos barran dos veces a la semana las lindes de sus casas y se habilitan carros de limpieza. Hacia 1848 la limpieza de la ciudad se hacía a primeras horas de la mañana, mediante estos carros, que hacían sonar la campanilla para que los vecinos bajaran la basura. Durante la Regencia de Espartero creó Zaragoza su primer cuerpo de bomberos (...). De 1849 data la creación de la primera guardia municipal (...)». El gas llegará en los sesenta y la electricidad en los ochenta. La distribución del agua llegará más tarde, a principios del siglo XX, aunque los primeros depósitos (los del parque de Pignatelli) se construyen en 1876.

se empiezan a adoquinar las calzadas y a poner baldosas en las aceras. Los cambios de la presencia jesuítica en Zaragoza son también un reflejo de esas transformaciones urbanísticas: del viejo Colegio de la Purísima (en el siglo XVII) o la iglesia de San Felipe y luego San Pedro Nolasco (a mediados del XIX), a lo que a finales del siglo XIX será el Colegio del Salvador, primero en la actual Plaza del Carmen (junto al Paseo de la Independencia), luego al principio del actual Paseo de Sagasta y finalmente en su actual ubicación, al sur de la ciudad y junto al Huerva (ya en el siglo XX).

Las sociedades en transformación suelen ser también sociedades con cierto grado de conflictividad (lo que no implica necesariamente que todo conflicto suponga de modo automático un cambio a mejor). Y todo el siglo XIX, en Aragón, y en España, es un periodo caracterizado por una alta conflictividad social y política: los cambios de gobierno se suceden casi a diario en un contexto de pronunciamientos, asonadas y motines, acompañados por la amenaza casi permanente de la guerra (carlista). Y Zaragoza es una de las principales ciudades españolas en las que se manifiesta esa ebullición y esa conflictividad social, sobre todo en la segunda mitad del siglo, cuando la ciudad se convierte en el centro ideológico y logístico de la insurrección que dará lugar al llamado *bienio progresista* (V. Pinilla 1985, 73). En 1854 y 1855 las protestas populares y las alteraciones del orden público son frecuentes en la ciudad. Se trata de respuestas populares espontáneas «ante crisis de subsistencias o ante evidentes injusticias, con un fondo marcado por fuertes subidas de precios y un paro de proporciones considerables. Paro jornalero, alza constante de los precios de los productos básicos, son dos constantes detonantes en todos los motines del bienio en Zaragoza. Junto a ellos se mezclan en algunos casos reivindicaciones de tipo radical, normalmente sostenidas por elementos de la pequeña burguesía o por las mismas clases trabajadoras» (*ibid.*, 113-114).

En Zaragoza la sublevación liberal-burguesa en febrero de 1854 (antecedente inmediato de *la Vicalvarada* de junio-julio) se mezcla con los motines de los leñadores o del pan, en 1855, y con la conspiración carlista del mismo año. Y a esa ciudad en ebullición, propia de un país en plena efervescencia, es a la que regresan los jesuitas de la nueva Compañía, casi un siglo después de haberla abandonado. Parece que los tres primeros en llegar fueron los padres Fondá, Olivas y Suárez, en 1854 (F. Pradas 2019, 58) e inauguraron su residencia en la ciudad el 11 de diciembre de 1856, con el apoyo económico de una piadosa señora, doña Pascuala Pastor de Lurbe. La primera referencia a la residencia de Zaragoza en los catálogos de la entonces provincia jesuítica de España es de 1857. En aquel año la comunidad de jesuitas en Zaragoza estaba integrada por siete sacerdotes y tres hermanos coadjutores: dos aragoneses (el padre Mora y el hermano Cubero, que desarrollaban su labor pastoral y educativa en Graus y Benasque), dos catalanes (los padres Olivas, que era el superior, y Fondá), un castellano (el hermano Gutiérrez), un canario (el padre Suárez) y un vasco (el hermano Iraeta). El mayor era el aragonés Joaquín Mora (que tenía sesenta años) y el más joven el hermano Iraeta (un joven de 28, que era el cocinero)[32].

---

[32] Joaquín Mora nació en Eriste (Huesca) el 7 de febrero de 1797, ingresó en la Compañía en 1828, hizo sus últimos votos en agosto de 1861 y falleció en septiembre de ese mismo año en Loyola; Martín Cubero nació el 2 de septiembre de 1804 en Graus (Huesca), entró en la Compañía en 1829, hizo sus últimos votos en 1839 y falleció en Loyola el 22 de diciembre de 1881. Juan Olivas nació en Rosas (Gerona) el 2 de julio de 1817, ingresó en la Compañía en 1833, hizo sus últimos votos en 1853 y murió en Orihuela el 7 de noviembre de 1884; y José Fondá había nacido en Barcelona el 20 de junio de 1805, ingresó en la Compañía en 1824, hizo sus últimos votos en 1837 y murió en Palma de Mallorca el 11 de diciembre de 1878. Pedro Gutiérrez nació el 7 de junio de 1790 en Anchuela (Guadalajara), ingresó en la Compañía en 1826, hizo sus últimos votos en 1854 y falleció en Zaragoza el 28 de marzo de 1861. Tomás Suárez nació en Santa Cruz de Tenerife el 12 de noviembre de 1810, ingresó en la Compañía en 1825 e hizo sus últimos votos en 1854, falleció en Chamartín el 20 de abril de 1890. El más

Inicialmente los jesuitas se instalaron en la calle Morata, junto a la iglesia de San Felipe, donde trabajaban como capellanes, y más tarde se trasladaron a la calle de Santiago. En los años que siguen, hasta 1863, los jesuitas residentes en Zaragoza son unos cinco de media. Como es habitual, los nombres van cambiando. Los que se mantienen son el padre Tomás Suárez de la Cuesta, que ejerce de superior desde 1858, y el hermano Gutiérrez, que fallece en 1861. En 1863 se lleva a cabo la división de la provincia jesuítica de España en las dos provincias de Castilla y Aragón. La comunidad jesuítica de Zaragoza aumenta esos años (entre diez y doce jesuitas), y el superior sigue siendo el padre Suárez, un jesuita tremendamente activo, hábil e influyente, que se convertirá en protagonista de la persecución contra la Compañía en los próximos años. Suárez de la Cuesta había conocido la supresión de 1835 en Madrid, donde vivió en directo el asalto al Colegio Imperial y el asesinato de sus compañeros. En Zaragoza impulsó la refundación de la congregación mariana de los Luises, en 1860, y la femenina de las Hijas de María[33]. A las

---

joven, el hermano Tomás Iraeta, era natural de Azcoitia (Guipúzcoa), donde nació el 11 de julio de 1829, había entrado en la Compañía en 1853, haría sus últimos votos en 1864 y murió ya entrado el siglo XX, en el Puerto de Santa María, el 28 de agosto de 1903.

[33] En particular, sobre la fundación (o refundación, porque esta también existió en el Colegio de la Purísima) de la Real Congregación de la Anunciación de Nuestra Señora y de san Luis Gonzaga de Zaragoza, cfr. el estudio de F. Pradas Ibáñez (2019). Como se sabe, las congregaciones marianas fueron una iniciativa del jesuita belga Jean Leunis (1532-1584) que se extendieron por todo el mundo. Inicialmente se trataba de asociaciones canónicas (luego de carácter diocesano) con el objetivo de promover la piedad y la caridad de la vida cristiana a través de la devoción a la Virgen. De ahí el conocido lema de las mismas: «a Cristo por María». Las congregaciones se extendieron por todo el mundo, fundamentalmente a través de los colegios, pero no eran ni única ni principalmente una actividad escolar. En los colegios había congregaciones escolares que agrupaban a alumnos del centro (y no a todos: solo a aquellos cuyo comportamiento y desempeño en el estudio les hiciera merecedores de formar parte de la Congregación), pero también había congregaciones de jóvenes universitarios y adultos, no exclusivamente vinculadas a la enseñanza jesuita. De

congregaciones marianas se vincularían importantes personajes de la vida zaragozana. De hecho, su primer presidente fue Jorge Sichar Loscertales, catedrático de Derecho de la Universidad de Zaragoza, que también lo había sido de la Universidad de Huesca y rector de la misma hasta su supresión en 1845. La actividad pastoral de los jesuitas iba creciendo. En aquellos años se hacen cargo de la iglesia de San Pedro Nolasco, ubicada en la plaza del mismo nombre, donde está actualmente la que fuera iglesia del Sagrado Corazón hasta junio de 1997. De la iglesia de San Pedro Nolasco decía una guía de Zaragoza de aquellos años lo siguiente:[34]

«*San Pedro Nolasco*. Colegio de frailes mercedarios situado en la plaza del mismo nombre. Después de la supresión de los conventos, su bonito templo sirvió para almacén de leña, de paja y de utensilios para la tropa. En la actualidad lo han vuelto a abrir al culto los jesuitas y en él tienen lugar frecuentes fiestas religiosas siendo muy concurrido por la aristocracia, que, amiga siempre de singularizarse hasta en lo más digno de veneración y respeto, ha elegido esta iglesia para asistir a todas las funciones y oficios piadosos.

Mensualmente celebran aquí su fiesta las *hijas de María*, religiosa congregación de las jóvenes de esta capital para obsequiar con frecuentes y solemnes cultos a la Virgen Santísima.

---

las congregaciones marianas surgieron otros proyectos pastorales, como la Cofradía del Descendimiento de la Cruz de Zaragoza, a finales de los años treinta del siglo XX (F. Pradas, 2014). En España, a partir de los años setenta del siglo XX sufren un proceso de cambios, derivados fundamentalmente del contexto político, que llevarán a su desaparición o transformación (de las congregaciones surgirán proyectos como FECUM, FECUN y, posteriormente las CVX). Sobre esto último, cfr. M. Revuelta (1995) y José Carlos Sáinz (1995); en general, sobre la historia de las congregaciones, cfr. J. Martínez Naranjo (2003) y E. Villaret (1964); y sobre el papel de las congregaciones en los colegios, cfr. M. Revuelta (1998, 342ss).

[34] *Zaragoza en el bolsillo. Breve reseña histórica de la capital de Aragón. Descripción de sus principales monumentos y edificios más notables. Guía de Zaragoza*, por D. Romualdo P. Fuentes Altafaj, Imp. de Vicente Andrés, Zaragoza 1869, 78-79.

Es presidenta de la congregación en la actualidad la Sta. D.ª
María del Pilar Latorre.

La congregación de S. Luis Gonzaga celebra así mismo sus
funciones en este templo. Es presidente de la misma D. Jorge
Sichar».

Así pues, como el resto de la provincia jesuítica de Aragón,
recién establecida[35], en los años sesenta del XIX la presencia de
la Compañía de Jesús en Zaragoza se hallaba en una fase de *flo-
reciente expansión*: «tenía ante sí un futuro abierto sobre un presente lleno de realidades, en el que había ímpetu juvenil, espíritu
misional y acertada estrategia pastoral y educativa» (M. Revuelta 1984, 47-48). En toda España, los 137 jesuitas que había en
1814 se habían multiplicado casi por 10 en 1868, hasta alcanzar
los 1284, de los cuales 526 pertenecían a la provincia jesuítica de
Aragón. De ellos, a principios de 1868 en Zaragoza trabajaban
en la residencia en la calle Juan de Aragón y en la iglesia de San
Pedro Nolasco 14 jesuitas (7 sacerdotes y 7 hermanos coadjutores); en Calatayud había nueve (5 sacerdotes y 4 coadjutores)
y se estaba preparando nuevamente la reapertura del colegio de
Graus. Y de repente, todo iba a ser puesto en cuestión, otra vez,
a finales de 1868.

Recordemos que en aquellos años reinaba en España Isabel II, que había accedido efectivamente al trono en 1843, siendo aún menor de edad, después de las regencias de su madre
María Cristina y del general Espartero. Todo el reinado isabe-
lino había sido una compleja e inestable sucesión de gobier-
nos en tensión unos con otros, que parecía haberse serenado o
estabilizado con el gobierno del general Leopoldo O'Donnell
entre 1858 y 1863, apoyado por el partido de la Unión Liberal.
Pero las circunstancias económicas y políticas del país llevaron
a la crisis del partido y del gobierno y empezó nuevamente una

---

[35] La provincia jesuítica de Aragón estaba integrada por las regiones de
Cataluña, Valencia, Baleares, Aragón y Canarias, y tenía misiones en Filipinas,
Argentina y Chile.

sucesión de mandatarios que, agravada por la crisis financiera y de subsistencias, desembocó en la revolución de 1868. El 16 de septiembre el general Juan Prim desembarcó en Cádiz, procedente de Gibraltar; allí mismo, el 17 de septiembre de 1868 tiene lugar la sublevación del almirante Topete (a bordo de la fragata acorazada de nombre, precisamente, «Zaragoza») y el levantamiento se fue extendiendo por todo el país con apoyo popular y triunfó militarmente el 28 de septiembre en la batalla de Alcolea, con la victoria del general Serrano. En diferentes provincias se constituyeron Juntas revolucionarias (algunas venían actuando ya desde hacía meses) que asumieron el poder y sentaron las bases de lo que sería la política religiosa y educativa del país, que luego unificaría el Gobierno, y que dio rienda suelta al anticlericalismo: «El anticlericalismo de las Juntas provinciales en los primeros días de "La Gloriosa" dio un tono de innecesaria persecución religiosa a una revolución que (...) no había surgido como oposición a la Iglesia. De hecho, sin embargo, las Juntas rivalizaron en decretos y desmanes anticlericales: expulsión de religiosos y eclesiásticos, ocupación de iglesias y seminarios, saqueos de conventos, imposición de matrimonios y entierros civiles...» (R. M.ª Sanz de Diego 1975, 202). Y la Compañía de Jesús se convirtió, una vez más, en uno de los principales objetivos de tales medidas.

En Zaragoza, los últimos días de septiembre de 1868 fueron bastante agitados y el antijesuitismo reinaba en el ambiente. La animadversión a la Compañía se había visto alimentada, meses antes, por un famoso sermón que el mencionado padre Tomás Suárez había dado en la catedral, en mayo de 1868, en el funeral en honor del general Narváez, y en el que había criticado abiertamente la política del bienio progresista. El recuerdo del famoso discurso obligó a salir de Zaragoza al padre Suárez, y al resto de los jesuitas a abandonar la residencia y buscar refugio en casas particulares[36]. Cuando estalló la revolución en la ciudad, el 28 de septiembre, varios hombres armados entraron en la residencia, buscando sobre todo al P. Tomás Suárez, pero solo quedaba en ella el hermano Salvador Valldeperas, un joven coadjutor[37]. Las entradas y registros en el templo y la residencia se repetirían al día siguiente.

En octubre de ese mismo año, el Gobierno provisional del general Serrano acordó la supresión de la Compañía de Jesús en todo el país, unificando así la política de las Juntas revolucionarias provinciales. El decreto de 12 de octubre, del ministro de Gracia y Justicia Antonio Romero Ortiz, publicado en la *Gaceta de Madrid* el día 13, daba un plazo de tres días para cerrar todos los colegios e institutos de la Compañía, «con ocupación de temporalidades», esto es, de «todos los bienes y efectos de la Orden, así muebles como raíces, edificios y rentas, que pasarán a formar parte del caudal de la Nación, con arreglo a lo dispuesto en el real decreto de 4 de julio de 1835». El decreto del Gobierno provisional añadía que

«Los individuos de la extinguida Compañía no podrán volver a reunirse en cuerpo ni comunidad, usar el traje de la Orden, ni tener dependencia alguna de los superiores de la Compañía que existan dentro o fuera de España, quedando los que no estuviesen ordenados *in sacris* sujetos en todo a la jurisdicción civil ordinaria».

Es decir, se trataba de una nueva *supresión*, que no expulsión, pero que venía acompañada de una nueva *desamortización*. Y, curiosamente, en una referencia de claro sabor regalista, el mencionado decreto encargaba a los responsables

---

[36] M. Revuelta (1984, 48-51) relata los avatares de la comunidad zaragozana en esos días.

[37] Nacido en Tortosa el 1 de agosto de 1844, el hermano Valldeperas (o Valldeperes) había entrado en la Compañía en 1866. Hizo sus últimos votos en 1877 y murió en Mindanao el 14 de octubre de 1892.

civiles y eclesiásticos que coadyuvaran en el cumplimiento de la disposición, «*conforme con la pragmática-sanción fecha 2 de Abril de 1767, y Breve de Su Santidad de 21 de Julio de 1773*», normas que habían sido derogadas hacía tiempo, tanto canónica como civilmente. El decreto de octubre de 1868 se convertiría en ley en junio de 1869, cuando las Cortes Constituyentes ordenaron que se tuvieran y obedecieran como leyes todos los decretos que hasta ese momento había dictado el Gobierno provisional, «mientras las Cortes no decreten su reforma o derogación» (*Gaceta de Madrid* n. 172, de 21 de junio de 1869). Según Revuelta (1984, 105), la supresión de 1868-1869 pesará como una losa para la Compañía de Jesús durante todo el siglo XIX, habida cuenta de que la ley no fue formalmente derogada.

Así pues, los jesuitas pasaron nuevamente a la clandestinidad (o la semiclandestinidad, mejor dicho). Los más jóvenes (los jesuitas en formación) partieron al exilio y el resto (sacerdotes y hermanos) se dispersaron y quedaron aislados o en grupos muy pequeños (de dos). Los dos primeros años de la supresión (1868-1870), coincidentes con la regencia de Serrano y la presidencia del gobierno de Prim, fueron años de confusión y reorganización. En el caso de la provincia de Aragón, escribía Manuel Revuelta (1984, 227), la ruina fue inmediata y total. La Compañía quedó en un par de días totalmente desarticulada. Sin embargo, a partir de 1870 comienza un proceso de «precoz recuperación». Empiezan a abrirse pequeñas residencias o *coetus* (grupos), de las que, dado el régimen de semiclandestinidad, no hay muchas noticias. Se sabe que en Zaragoza a finales de 1870 funcionaban dos, una de ellas en la calle Santiago, n. 57, de la que era superior el P. Ramón Vigordán (y de la que formaban parte también los padres Mies y Raventós, y los hermanos Escorsell y Barlabé); y que a finales de 1871 las dos comunidades se concentraron en una sola, de la que pasaría a ser superior el P. José María Pujol. Además, lejos de amilanarse con la situación, es en ese contexto en el que se revitaliza el espíritu misionero y fundador de los jesuitas y comienzan a abrirse nuevos colegios, entre ellos el de Zaragoza. De la confusión de los primeros años de «la Gloriosa» se pasa así a lo que Manuel Revuelta (1984, 279) llama una «dispersión organizada», que abarca todo el periodo de 1871 a 1876, un periodo muy condicionado por la evolución política del país: la paz relativa en los años del reinado de Amadeo I (1871-1872), las tensiones e incluso persecuciones en el bienio de la I República (1873-1874) y la transición a la normalidad (1875-1876). La restauración plena de la Orden en España no llegará hasta 1877, en el contexto de la Restauración alfonsina.

La (re)fundación del colegio jesuita de Zaragoza[38]

El Colegio del Salvador de Zaragoza forma parte de la primera hornada de colegios jesuitas fundados esos años, a finales del siglo XIX, entre 1869 y 1893. En los primeros años de «la Gloriosa» los jesuitas llegaron a fundar hasta once colegios: Sevilla y San Sebastián en 1869; Manresa, Valencia, Orduña, Villaba y Jerez de la Frontera en 1870; Barcelona y Zaragoza en 1871; y Ancéis y Orihuela en 1872. De todos ellos, solo seis, y no sin dificultades, lograron sobrevivir al temporal revolucionario: Sevilla, Orduña, Valencia, Zaragoza, Ancéis y Orihuela (M. Revuelta 2009, 535).

En realidad, desde su vuelta a Zaragoza, a mediados del siglo XIX, los padres de la Compañía de Jesús querían abrir nuevamente un colegio de segunda enseñanza en la ciudad; o reabrirlo, mejor dicho, en el Seminario de San Carlos, el que había sido antiguo colegio de la Compañía y donde entonces

---

[38] Sobre la fundación (o refundación) del colegio jesuita de Zaragoza, cfr., M. Revuelta (1984, 352-354), (1998, 15-16) y (2009); y J. I. Fernández Marco (1999, 9ss).

vivían unos pocos sacerdotes. Contaban para ello con el apoyo de la corporación municipal, que en diciembre de 1858 elevó una petición en ese sentido a la reina Isabel II y al Gobierno. Sin embargo, la llegada a Zaragoza unos meses después del nuevo arzobispo, Manuel García Gil, frustró esa posibilidad, ya que este quería establecer allí un seminario menor.

«La negativa de García y Gil –dice su biógrafo, el también dominico Vito-Tomás Gómez García (1990, 604)– dejó perplejos a los padres de la comunidad de Zaragoza, pero no la atribuyeron a razones de animosidad contra ellos; es más, reconocían su celo pastoral y la estima benévola hacia la Compañía de Jesús». No son pocas las muestras de apoyo del arzobispo hacia la Compañía: García Gil les proporcionó la residencia y el templo de San Pedro Nolasco, que los jesuitas restauraron; protestó expresamente por la supresión de la Orden, en 1868; en 1871 les ofreció una cierta cantidad de dinero que había llegado a sus manos a la vez que los invitaba a la apertura de un colegio (el que, efectivamente, comenzó a funcionar en octubre de 1871); e incluso apoyaría económicamente también la construcción del nuevo edificio, que se inauguraría en 1879. Pero, en cualquier caso, al tener que renunciar al edificio del antiguo Colegio de la Purísima, hablando en sentido estricto, la de 1871 resultó la fundación de un *nuevo* colegio jesuita en la ciudad, más que la pretendida refundación del anterior.

Como explica Manuel Revuelta (1984, 352), el colegio de Zaragoza nació «gemelo del de San Gervasio de Barcelona, pues ambos surgen al quedar los jesuitas libres de los compromisos contraídos en el colegio manresano de mosén Faura a finales del curso de 1871». El *Diario* del hermano Reverter hace también una referencia a ese colegio de Manresa y a mosén Faura, que conviene aclarar para evitar equívocos. Ese colegio no era el de San Ignacio, de la Compañía, cerrado en 1868 y reabierto en 1877, sino un pequeño colegio libre, impulsado y dirigido por el sacerdote José Faura, que pidió colaboración a los jesuitas para su proyecto[39]. Dicho colegio de Manresa tuvo una efímera actividad: solo duró un año (1870-1871) y eso facilitó que, como recuerda Reverter en su *Diario*, los jesuitas que colaboraban en él (Capell, Masvidal, Balet...) fueran destinados por el entonces provincial, el P. Gelabert, a la fundación del colegio de Zaragoza. Entre ellos, estaba el P. Clemente Bofill, que había sido prefecto de estudios y profesor de física en Manresa y que iba a ser el rector (o director) del Colegio del Salvador de Zaragoza. Y eso explica, así mismo, que algunos niños del colegio de Manresa se escolarizaran en el de Zaragoza.

Durante el verano de 1871, después de la experiencia de Manresa, Bofill estuvo preparando la casa Camps, en la Bonanova, para abrir allí un colegio, del que parecía que iba a ser el superior, pero finalmente se le encargó viajar a Zaragoza. Que fuera Clemente Bofill el elegido para fundar en la ciudad del Ebro podía deberse, según algunos, al conocimiento e incluso aprecio que de él tenía, al parecer, el mencionado obispo García Gil[40]. El jesuita catalán tenía 36 años cuando llegó a Zaragoza. Había nacido en Sans (Barcelona), el 21 de noviembre de 1835, y había ingresado en la Compañía de Jesús en 1861. Su primer destino había sido el efímero colegio de Manresa. Y el siguiente destino (aún no había formulado los últimos votos, que haría en 1872) fue Zaragoza. Puede decirse sin lugar a dudas que el colegio de Zaragoza fue el proyecto más importante en el que plasmó su vocación jesuítica, tanto por el tiempo que pasó en Zaragoza (hasta 1881), por la envergadura e impacto

---

[39] Tampoco hay que confundir a don José Faura con don Valentín Faura, presbítero a su vez, músico y profesor del colegio de Zaragoza, al que también se refiere el hermano Reverter en su *Diario*. Mosén José Faura tenía dos hermanos que eran sacerdotes jesuitas, Federico y Ramón. Sobre la experiencia del colegio de Manresa de mosén Faura vid. M. Revuelta (1984, 236-239).

[40] Según contaba el jesuita Luis Puiggrós, SJ (1851-1939), el P. Bofill se habría encontrado en agosto de 1870 en una estación del sur de Francia con el prelado aragonés, que volvía del Concilio Vaticano I, y al que habría ayudado a atender de una indisposición. *El Salvador* n. 30 (marzo de 1922), 72-73.

en la ciudad que llegó a adquirir el centro (en palabras de Manuel Revuelta, el Colegio del Salvador fue «la gran obra» de los jesuitas en Zaragoza, que aún perdura), como por las complicadas circunstancias en las que le tocó liderarlo, sobre todo en los primeros años, de los que da cuenta el *Diario* de Reverter. Bofill era, en el retrato que de él hizo uno de sus alumnos, Mariano Baselga, un sacerdote «joven, recio de cuerpo, de hablar persuasivo, suavísimo y culto sin afectación, con marcado acento catalán, redondo de cara, sanguíneo de complexión, de modales compuesto y educadisimo, enderezado para el trato social más distinguido sin rastro del torvo mirar ni de la marrullera cortesanía que el folletín torpe o la novela traducida a trompicones quisieron hacer carácter del jesuita»[41]. Fue Clemente Bofill quien puso en marcha el colegio en el caserón de la entonces Plaza del Pueblo (actual Plaza del Carmen), quien lo mantuvo en pie en los convulsos años del reinado de Amadeo de Saboya y de la I República, y quien impulsó después la construcción y el traslado al nuevo edificio (ya desaparecido) junto al Huerva, en el número 1 del actual Paseo de Sagasta. Después de sus años en Zaragoza, Bofill fue destinado a Valencia (1882), Palma de Mallorca (1883-1886), Barcelona (1887) y finalmente a Manila (en 1888), donde falleció el 12 de marzo de 1893.

Hay tres circunstancias a las que dado su alcance conviene hacer referencia, ya que, a la vez que hicieron posible la fundación, condicionaron el proyecto del Colegio del Salvador en los siguientes años. Casi podríamos decir que tales circunstancias van a definir el estilo del colegio (como el del resto de colegios de la Compañía de Jesús en España, podríamos decir) prácticamente durante un siglo. En primer lugar, hay que tener en cuenta las *circunstancias de carácter político-legislativo* relativas a la educación en España. La enseñanza es, como se sabe, uno

---

[41] En el discurso pronunciado con ocasión del 25.º aniversario del Colegio del Salvador (Archivo del Salvador).

de los pilares básicos del proyecto liberal iniciado en Cádiz en 1812, que se va desarrollando a lo largo de todo el siglo XIX. Para ello se va impulsando el diseño e implantación en todo el territorio nacional de un modelo (normativo) de instrucción pública acorde a los principios del nuevo Estado y con pretensión monopolística, lo que entra inevitablemente en conflicto con la Iglesia católica y las órdenes religiosas que, como los jesuitas, venían dedicándose a la educación. La implantación del modelo educativo del constitucionalismo liberal se llevará a cabo a pasos sincopados –o a empujones, podríamos decir– en función de los vaivenes políticos. Algunos pasos importantes en ese sentido, a mediados del XIX fueron el plan Pidal, de 1845, y sobre todo la famosa ley Moyano, de 1859, que sentará las bases de la educación en España hasta los años setenta del siglo XX. La Compañía de Jesús en España, como en el resto de Europa, se verá obligada a adaptar su modelo educativo a las nuevas circunstancias legislativas. Ello no implicará un abandono de la metodología de la *Ratio studiorum*, pero sí una revisión paulatina para adaptarla a las nuevas condiciones curriculares y a los avances pedagógicos[42]. Entre los vaivenes legislativos de ese periodo, sin embargo, «la Gloriosa» trae consigo una profunda liberalización de la educación que es la que, paradójicamente, permitirá la fundación de los colegios jesuitas en este periodo. Entre los decretos que sientan las bases del nuevo régimen, en octubre de 1868, el ministro de Fomento, Manuel Ruiz Zorrilla, aprueba el relativo a la enseñanza (Decreto de 21 de octubre de 1868, publicado en la *Gaceta de Madrid*, n. 296, de 22 de octubre) que en su artículo 6.º autoriza a todos los españoles a fundar establecimientos particulares de enseñanza. Esa confianza

---

[42] En 1832, el entonces prepósito general de la Orden, el padre Jan Roothaan publicó la «*Ratio studiorum nostris temporibus accomodata*», una revisión moderada de la *Ratio* que ampliaba los estudios de matemáticas y física, añadía las lenguas vernáculas y otras asignaturas accesorias (M. Revuelta 2012a; 2013, 330).

momentánea en la sociedad civil será la vía para la fundación de los nuevos colegios. La segunda de las circunstancias fundacionales mencionadas tiene que ver con las *condiciones económicas y organizativas de los nuevos colegios* que, a diferencia de los de la «antigua Compañía» y a tenor de los avatares de las sucesivas supresiones y desamortizaciones, ya no estaban sostenidos con rentas. Eso obligará a financiar su actividad fundamentalmente, aunque no solo, a través de las cuotas de las familias. Al tratarse de internados de pago, se acentuará el elitismo de los colegios, que los jesuitas tratarán de corregir a través de vías tradicionales, como la figura de los fámulos[43] (y luego los alumnos becados).

Por último, o en tercer lugar, los colegios que se fundan en estos años responden culturalmente al *espíritu restauracionista* de la Orden. Se ha definido ese talante restauracionista como conservador, en buena medida, como decíamos anteriormente, como respuesta a los ataques que los religiosos en general y los jesuitas en particular sufrían por parte de los sectores liberales; y eso hace también que el alumnado que se escolariza en los colegios pertenezca mayoritariamente a familias también de perfil conservador (tradicionalistas, carlistas, etc.), lo que obligará en ocasiones a extremar la prudencia[44]. Pero el espíritu restauracionista tiene también un sentido más profundo, relacionado con la preocupación por

---

[43] Los fámulos eran alumnos que recibían la enseñanza y la alimentación gratis a cambio de algún servicio. El famulado fue un vivero importante de vocaciones a la Compañía.

[44] Por ejemplo, en sus recuerdos como colegial (publicados en la revista *El Salvador*, en 1922), Ramón Roca Masferrer evocaba el conflicto que supuso la publicación en la prensa zaragozana de varios artículos de tres o cuatro alumnos «de familias muy conocidas en el campo tradicionalista», defendiendo sus ideales. «El P. Bofill, con palabras impregnadas de amargura, después de exponer el hecho, censuró tal proceder, poniendo de relieve los perjuicios que podían irrogar al Colegio, dado el ambiente de hostilidad en que por entonces vivía».

la identidad jesuítica en un contexto de reorganización casi permanente de la «nueva Compañía» (M. Revuelta 2014; A. Verdoy 2014). De ahí la importancia que se da a los usos y costumbres y la minuciosa codificación de la vida jesuítica y del régimen escolar[45]. Esa reglamentación de usos y costumbres pervivirá durante un siglo.

En esas condiciones se fundó el Colegio del Salvador de Zaragoza, en una casona alquilada cuya fachada daba a la entonces Plaza del Pueblo (actualmente Plaza del Carmen), al final de lo que hoy es la calle Cádiz accediendo desde el Paseo de la Independencia: «En una casona vieja y destartalada que, por su soledad y mal perjeño no tenía aspirante alguno formal al inquilinato y aún no sé si había albergado en las ocasiones de furor político reinante a tal o cual club o logia, se cobijó la naciente fundación», escribía Mariano Baselga en su *Discurso*. Hubo que acondicionar la casa, claro, y eso retrasó el inicio del curso del 16 de septiembre al 1 de octubre. Como cuenta Reverter en su *Diario*, aunque inicialmente se pensó en llamarlo Colegio del Pilar, esos días se anunció un nuevo colegio con ese nombre. Y por ello se optó por llamarlo del Salvador: «El Salvador lo es de La Seo y por otra parte este hermoso título, mejor que otro alguno, dejaba traslucir el nombre que por derecho indisputable convenía a este colegio establecido por los hijos de la Compañía de Jesús»[46].

---

[45] Al respecto, cobran importancia los llamados «costumbreros», textos en los que se recogen los usos y costumbres de la vida en la Compañía, y que se reflejan también en los reglamentos colegiales. Como no podemos detenernos en este punto, vid. al respecto los estudios de M. Revuelta (1986; 1998).

[46] En 1917, en carta desde Chile, el P. José Reverter, SJ escribía al entonces rector del Colegio del Salvador, el P. Florencio Zurbitu, SJ: «El P. Bofill no se atrevió a dar a ese Colegio el título de Jesús por miedo de que se descubriese que los fundadores éramos jesuitas y pasábamos por exalumnos de la Compañía. La idea nunca fue celebrar como titular el misterio de la transfiguración, sino el de la Circuncisión» (el 1 de enero).

Dadas las circunstancias de la época (recordemos que la Compañía estaba suprimida) únicamente figuraba como religioso el P. Bofill. El resto de jesuitas no se presentaban ni vestían como tales. Tampoco se hizo publicidad del nuevo colegio, pero ello no impidió que ese primer curso se matriculasen 50 alumnos (algunos, como ya hemos dicho, procedentes de Manresa). Como decía Baselga en su *Discurso*:

«Ni anuncios en los papeles, ni fiestas escolares que la acreditasen, ni ruido ni noticia alguna la divulgaron. Precisamente se quería aprovechar la propaganda del silencio y del olvido; los profesores, dijérase que por hacerse más obscuros, carecían hasta de personalidad: un D. Ignacio, un D. Luis, un don Miguel... ni apellido tenían para nosotros. ¿Y eran Jesuitas? ¿Quién conocía por Jesuitas a tales caballeros con barba corrida o ya con perilla y bigote, vestidos con aquella famosa colección de levitas y *chaquets* que conocimos los colegiales viejos?

Y, por lo visto, ese fue el mayor aliciente para los padres de familia; este arrinconado asilo era la mejor garantía de tranquilidad para sus hijos; este olvido del mundo la más propicia condición al aprovechamiento del estudio».

Todos los alumnos asistían en régimen de internado (no hubo alumnos externos hasta 1879), conviviendo con los 11 jesuitas destinados en el colegio y con 5 fámulos. En la lista de ese curso, elaborada seguramente por orden de inscripción, figura en primer lugar Antonio Piniés. Puede decirse que él fue el primer alumno del Colegio del Salvador de Zaragoza. Nacido en 1860, Antonio M.ª de Piniés Sánchez-Muñoz era el cuarto hijo de Antonio Piniés y la Sierra, militar fallecido en la campaña de África de 1859, y de la baronesa de la Linde[47]. Al curso

---

[47] M. Velilla y Aznar, SJ, «El primer alumno del Colegio del Salvador de Zaragoza»: *El Salvador* (1919). Algunas semblanzas de otros colegiales de esos años fueron apareciendo en la misma revista.

siguiente fueron 76 los alumnos y el tercer año ya pasaban del centenar. También aumentaba la nómina de jesuitas y profesores. Así que en pocos años el caserón de la Plaza del Pueblo empezó a quedarse pequeño y hubo que buscar una nueva ubicación, más acorde a las necesidades del centro. En 1876 se acordó comprar los terrenos necesarios para construir un nuevo edificio y se iniciaron las gestiones. Después de varios intentos fallidos, el espacio escogido fue el de «unos campos y un olivar que se extendían junto al Huerva». Allí comenzaron las obras en marzo de 1877 y allí se estrenó el «nuevo» colegio de jesuitas (en el número 1 del actual Paseo de Sagasta) el curso 1879-1880. Pero esa ya es otra parte de la historia[48].

Sobre la fundación y los primeros pasos del Colegio del Salvador, aparte de diversas fuentes documentales, contamos con un relato original que es el objeto de esta edición conmemorativa: el *Diario* de José Reverter, que recoge el testimonio directo de los tres primeros cursos del colegio, en los que él fue uno de los principales protagonistas. José Reverter aún no había cumplido los 25 años cuando llegó a Zaragoza, procedente de Manresa, como parte del grupo de jesuitas liderado por Clemente Bofill, encargado de poner en marcha el Colegio del Salvador. Había nacido en San Carlos de la Rápita (Tarragona) el 18 de noviembre de 1846 y había ingresado en la Compañía de Jesús a los 18 años. Cuando llega a Zaragoza aún no ha sido ordenado sacerdote (por eso es «hermano» y no «padre»). Al igual que otros compañeros suyos viene al colegio como «maestrillo», término que en la Orden se utiliza para referirse a aquellos jesuitas en formación a los que se destina a trabajar durante un breve tiempo, como parte de su proceso formativo. Inicialmente se le encarga enseñar retórica e historia, luego impartirá otras materias y asumirá tareas diversas, durante los tres cursos que permanece en el colegio, hasta 1874. Tras esos

---

[48] Sobre los cien primeros años de historia del Colegio del Salvador de Zaragoza, cfr. J. I. Fernández Marco (1999).

años de «maestrillo», Reverter partirá a Francia, para seguir sus estudios de teología y después de ser ordenado sacerdote será destinado al colegio de Manresa y más tarde a Chile. Fallecerá en Santiago de Chile, el 30 de mayo de 1933, precisamente cuando la Compañía de Jesús acababa de ser nuevamente suprimida en España.

Durante los tres años que vive y trabaja en Zaragoza (entre 1871 y 1874), el entonces hermano Reverter escribe un *Diario* en el que va dando cuenta de la vida escolar. Son noventa páginas manuscritas de un cuaderno en las que anota día a día los principales acontecimientos de los tres primeros cursos del colegio: los protagonistas (alumnos, jesuitas y profesores), las actividades escolares (clases, concertaciones, celebraciones religiosas, retiros y descansos...) o las circunstancias sociales y políticas –«las cosas de nuestra patria», como dice el *Diario*– que afectaban a la vida del colegio. Recordemos que cuando el colegio se funda y empieza a funcionar, en octubre de 1871, reinaba en España Amadeo I de Saboya, que había jurado su cargo el 2 de enero, un breve e inestable reinado que concluye con su abdicación el 11 de febrero de 1873, dando paso a la experiencia de la I República. La República solo durará dos años hasta finales de 1874, cuando el pronunciamiento del general Martínez Campos abre el camino a la restauración de la monarquía borbónica. El *Diario* de Reverter recoge la experiencia de esos años convulsos o tempestuosos.

Tras las elecciones de abril de 1872, en España volvió a avivarse el fuego de las guerras carlistas y Zaragoza se convirtió en una ciudad de retaguardia, pero «virtualmente sitiada» (I. García de Paso 2021, 92), en la que se percibía la cercanía de los combates. Y en todo el país la inestabilidad política iba pareja con la conflictividad social. En Zaragoza, la tensión social y política alimentaba un ambiente prerrevolucionario que desembocaría violentamente en las barricadas y los combates del 4 de enero de 1874. El colegio no solo no podía permanecer ajeno a esa realidad, sino que se veía directamente afectado, como el resto de la Compañía de Jesús en España, en un clima de permanente amenaza. El *Diario* de Reverter hace mención expresa de algunos de esos episodios y otros solo aparecen de forma velada; e incluso es posible confundir unos con otros, en un tiempo en el que los pequeños altercados eran una experiencia cotidiana y de los que tenemos testimonio también por otras vías. Por ejemplo, en marzo de 1873 una movilización republicana desembocó por la calle Azoque al grito de «¡A los jesuitas!» en lo que parecía iba a culminar en asalto al colegio que, sin embargo, se vio frenado gracias a la intervención del padre de un colegial, un carnicero que formaba parte de un cuerpo de voluntarios, que se enfrentó a los potenciales asaltantes, convirtiendo en «motín sin consecuencia, lo que amenazaba ser formidable insurrección»[49].

En cualquier caso, leyendo el *Diario* de Reverter y a la vista del contexto y las dificultades de aquellos años, uno tiene la impresión de que el proyecto del Colegio del Salvador estaba totalmente destinado a fracasar. Quién sabe, tal vez esa fuera también en algunos momentos la sensación, realista pero no desesperanzada, de los jesuitas fundadores: Bofill, Capell, Balet, Fisas, Masvidal, Antillach, Ferrer, Reverter... Sobre todo, a la vista de lo que sucedía con otros proyectos de la Compañía (residencias y colegios) que se veían obligados, a los pocos años de su inauguración, a echar el cierre. Nadie hubiera apostado por el futuro de ese proyecto y mucho menos hubiera pensado que iba a durar otros 150 años. Si resultó posible, cabe pensar, tal vez lo fue por una confianza más

---

[49] J. I. Fernández Marco (1999, 18) recoge el episodio, basado en las crónicas aparecidas en la revista *El Salvador* 38 (febrero de 1922), 35 y n. 43 (julio de 1922), 193-197. La segunda de esas crónicas la firma el hijo de aquel carnicero, que se llamaba Antonio Roca y Calvet. Su hijo, Ramón Roca Masferrer fue alumno del colegio de 1872 a 1876 (y abuelo a su vez del político catalán Miquel Roca i Junyent).

grande, que por un lado hundía sus raíces en la historia que muchos otros compañeros habían ido forjando a lo largo de los últimos siglos, aquí simplemente esbozada, y que por otro lado desbordaba las expectativas del éxito inmediato y la rentabilidad personal, haciéndolo todo como si solo dependiera de nosotros, pero poniéndolo todo en manos de Dios, como si solo dependiera de él. «Contra todo lo que en la humana previsión fuera prudencia –decía Mariano Baselga en su *Discurso* de celebración del 25.º aniversario del Colegio–; contra el cálculo económico mercantil del menos avisado, fundose el Colegio del Salvador de Zaragoza». Es decir, contra todo lo que habitualmente se llama sentido práctico. Ya lo había avisado el peregrino de lo absoluto, León Bloy, por aquellos mismos años, más o menos: «Un santo nunca es un hombre práctico». *Deo gratias.*

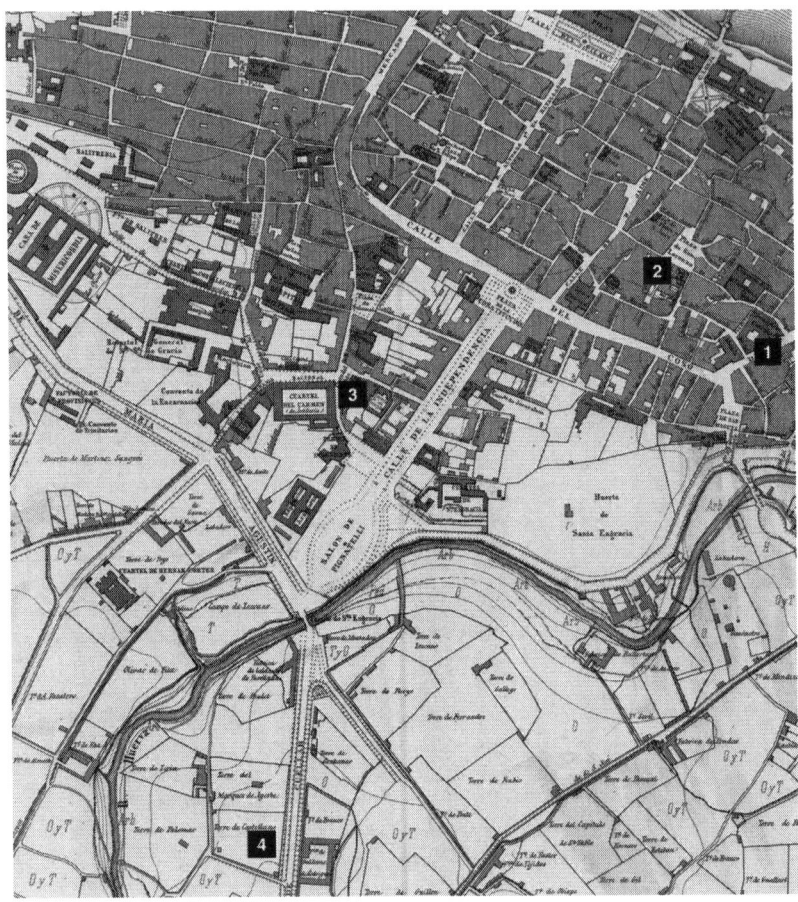

Imagen 1. *Detalle de un plano de Zaragoza en 1869, publicado por el Depósito de la Guerra en 1872* (Fuente: Instituto Geográfico Nacional): **[1]** Real Seminario de san Carlos, antiguo Colegio de la Purísima (1555-1767). **[2]** Iglesia de san Pedro Nolasco. **[3]** Colegio del Salvador (1871-1879) en la casa de Saldaña, ubicada «en la plaza del Carmen (ahora del Pueblo), a la vista del Salón de Santa Engracia y teniendo a un lado el Parque de Artillería, cuartel de guardiaciviles y muchas casas de jefes militares». **[4]** Torre alquilada en 1872: «Recibióse en arriendo la torre de Castellano, situada junto al mismo paseo de Torrero. Siguió cultivándola el mismo colono, pero dirigido por uno de los dependientes del Colegio».

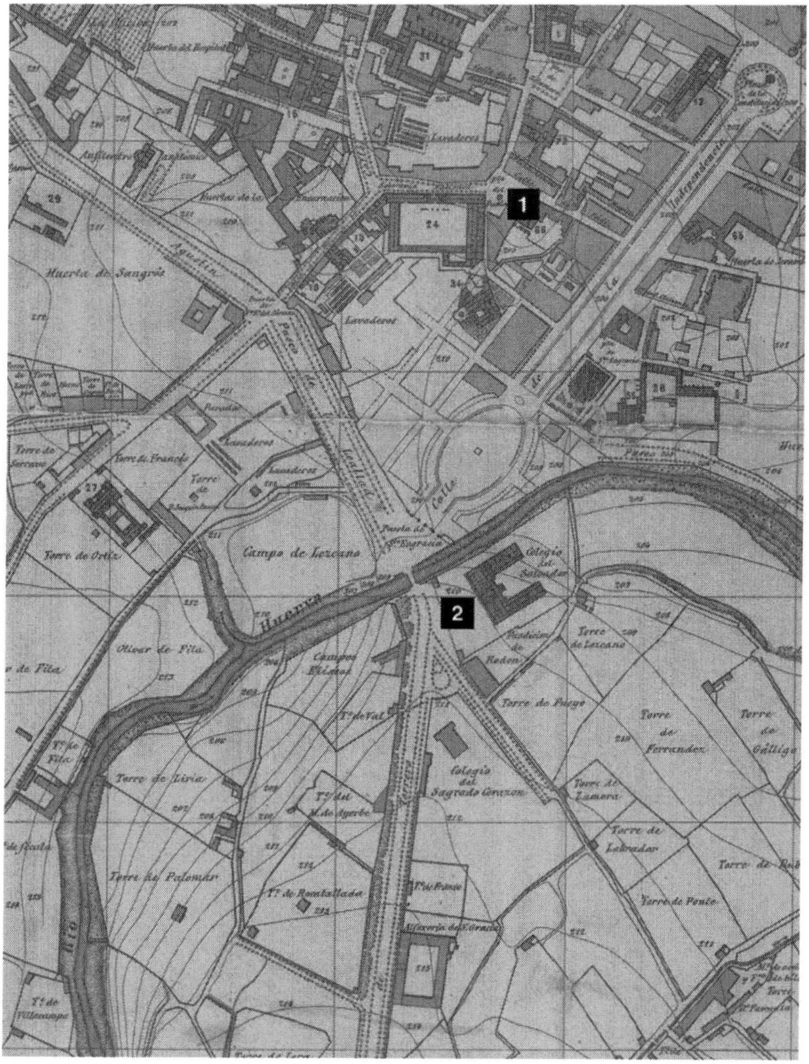

Imagen 2. *Detalle del plano de Zaragoza de Dionisio Casañal publicado en 1880* (Fuente: Instituto Geográfico Nacional): **[1]** Colegio del Salvador (1871-1879). **[2]** Colegio del Salvador (1879-1970).

El *Diario* de José Reverter, SJ

Nota de los editores

Como ya se ha indicado, el *Diario* de Reverter recoge el día a día (más o menos) del Colegio del Salvador de Zaragoza durante sus tres primeros cursos: desde su fundación, el curso 1871-1872, hasta 1873-1874. Como escribía el historiador Fernando Lasala, SJ (en una ficha dirigida al hermano Gonzalo Jordana el 31 de diciembre de 1985), «el escrito del escolar Reverter es una joya de archivo. Es una de las mejores *historias domus* que pueden darse. Abarca los tres primeros cursos de vida del Colegio del Salvador, aportando detalles biográficos y costumbristas de primera calidad. Es fuente biográfica para el P. Clemente Bofill (primer director del Colegio), así como para los PP. Miguel Rosés (músico barcelonés y prefecto), y Suárez (famoso predicador en la residencia y que mucho tiene que ver con el colegio futuro de Tudela)».

Aunque su autor va consignando las fechas de sus anotaciones, hay algunos saltos temporales que en cualquier caso no empecen la lectura ni el interés del texto. El *Diario* está manuscrito en un cuaderno en cartoné de tamaño 16,5 x 22 cm, del que se han utilizado 90 páginas escritas sin numerar, quedando otras 108 páginas en blanco. En la presente edición, sin embargo, no se ha conservado la paginación del manuscrito, se ha corregido y homogeneizado el uso de abreviaturas, mayúsculas y minúsculas, tildes, etc., adaptándolo al español actual, y se han hecho algunas correcciones sintácticas para facilitar su lectura, pero respetando en todo caso la estructura, la redacción literal y el estilo del texto, en el que, como se verá, abundan los hipérbaton y las elipsis, características de la época. Cuando resulta necesaria la introducción en el cuerpo del texto de alguna palabra (preposición, conjunción, artículo...), que por error el autor ha omitido, esta aparece entre corchetes [...], para diferenciarla del texto original.

El *Diario* original contiene también unas pocas notas a pie de página o al margen, tachaduras y añadidos. Para diferenciarlas de las notas aclaratorias de los editores, las notas originales del manuscrito aparecen en números romanos y en cursiva. Algunas de esas notas y correcciones se ve claramente que son posteriores a la redacción del *Diario*, y escritas por una mano distinta a la del propio Reverter, ya que este salió de Zaragoza al finalizar su *Diario* y ya no regresó más. Cabe incluso conjeturar que, probablemente, el autor de las mismas fuera el P. Clemente Bofill.

Finalmente, y para aprovechar mejor la lectura del texto, lo hemos acompañado de algunas notas a pie de página, aclaratorias sobre el contexto, los personajes y las costumbres a las que se hace referencia en el *Diario*, así como sobre ciertas expresiones que utiliza Reverter y que hoy día resultan no ya lejanas, sino prácticamente desconocidas. Con todo, como se verá, no se trata de una edición exhaustiva: las notas no agotan en ningún caso la curiosidad que el *Diario* suscita sobre la historia de Zaragoza, del Colegio del Salvador y de la Compañía de Jesús. Y por eso esperamos que su edición constituya un punto de partida, que no de llegada, para seguir investigando.

J. J. Bastero, SJ y A. García Inda

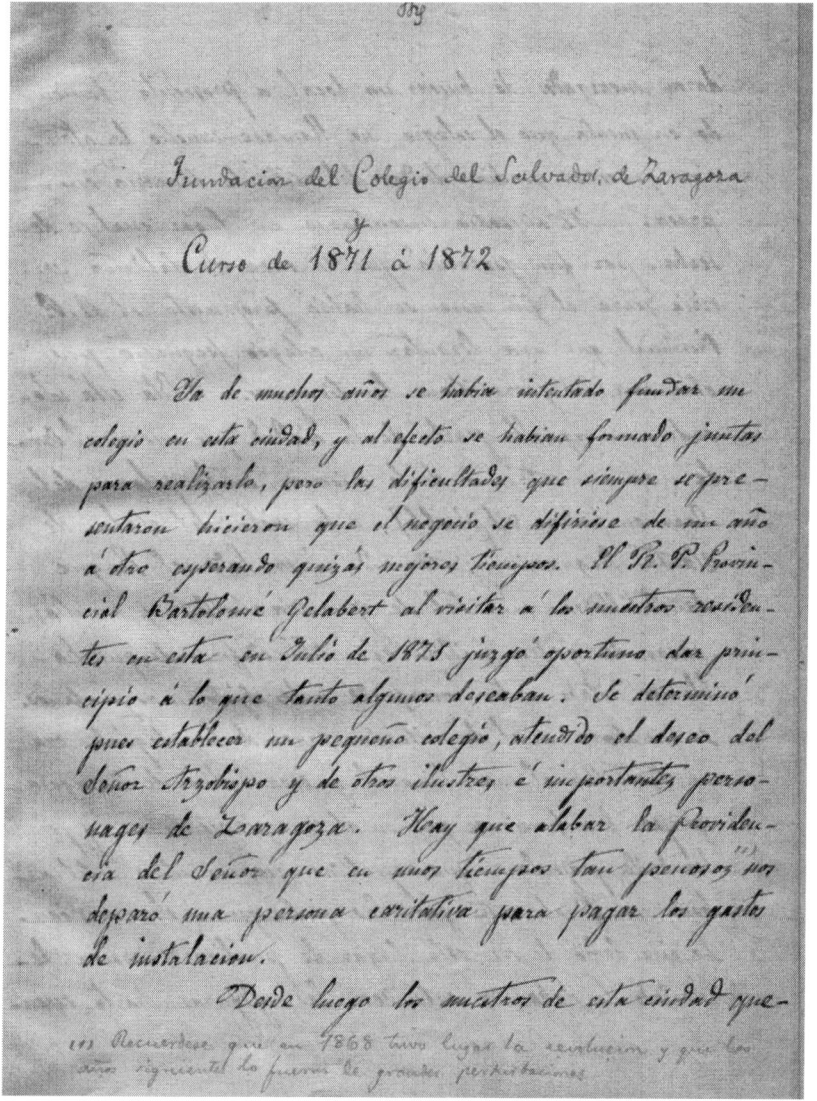

Imagen 3. *Primera página del* Diario *del H. José Reverter SJ*
(Fuente: Archivo del Colegio del Salvador). Incluye una nota aña-
dida posteriormente a lápiz, quién sabe si quizás escrita por la mano
del P. Clemente Bofill, SJ.

JHS

Fundación y efemérides de cosas importantes del Colegio del Salvador de Zaragoza; escritas por el H. Reverter de la Compañía de Jesús

Comprende desde el año 1871 al 1874 hasta fin de curso

JHS

Fundación del Colegio del Salvador, de Zaragoza y Curso de 1871 a 1872

Ya de muchos años se había intentado fundar un colegio en esta ciudad, y al efecto se habían formado juntas para realizarlo, pero las dificultades que siempre se presentaron hicieron que el negocio se difiriese de un año a otro esperando quizás mejores tiempos. El R. P. Provincial Bartolomé Gelabert[1] al visitar a los nuestros residentes en esta[2] en Julio de 1871 juzgó oportuno dar principio a lo que tanto algunos deseaban. Se determinó pues establecer un pequeño colegio, atendido el deseo del Señor Arzobispo y de otros ilustres e importantes personajes de Zaragoza. Hay que alabar la Providencia del Señor que en unos tiempos tan penosos[(i)] nos deparó una persona caritativa para pagar los gastos de instalación[3].

---

[1] Bartolomé Gelabert, SJ (Palma de Mallorca, 1817 - Gerona, 1880) ingresó en el noviciado en 1839. En la Compañía restaurada fue el segundo provincial (1867-1871) de la provincia de Aragón, creada en agosto de 1863.

[2] «En esta», léase «en esta ciudad», en Zaragoza, donde desde 1857 había una pequeña residencia con seis o siete jesuitas (entre 1871 y 1872 estuvieron en la residencia de Zaragoza los sacerdotes jesuitas Román Vigordán, Luis Míes, Salvador Raventós, Antonio Bataller, José M.ª Pujol, Carlos Barris, y los hermanos coadjutores Joaquín Cid, José Barlabé, Santiago Escorsell y Pascual Lasala). La elipsis («en esta», «a esta», «a esa», etc.), para referirse a la ciudad, se repite a menudo a lo largo del *Diario*.

[(i)] *Recuérdese que en 1868 tuvo lugar la revolución y que los años siguientes lo fueron de grandes perturbaciones.*

[3] El arzobispo era el dominico gallego Fr. Manuel García y Gil (1802-1881), que apoyó económicamente la creación del colegio con un legado que

Desde luego los nuestros de esta ciudad quedaron encargados de buscar un local a propósito teniendo en cuenta que el colegio no llamase mucho la atención, pues se podía dudar del éxito de tamaña empresa. No podía encontrarse un lugar cual se deseaba, por fin pareció que la casa de Saldaña serviría para el fin que se había propuesto el R. P. Provincial que era levantar un colegio pequeño, pues otra cosa no permitían los tiempos. Esta está colocada en aquella parte de la ciudad que mira al Oriente, en un extremo de la misma, en la plaza del Carmen (ahora del Pueblo), a la vista del Salón de Santa Engracia y teniendo a un lado el Parque de Artillería, cuartel de guardiaciviles y muchas casas de jefes militares. El edificio de que hablamos estaba antes consagrado a los objetos más profanos.

Lo que ahora es el dormitorio mayor de los colegiales era un teatrillo el más inmoral y escandaloso de Zaragoza, ya por las funciones que en él se representaban y por los bailes populares que repetidas veces en él se celebraban, ya finalmente por las gentes que a él concurrían. Lo que debió de ser este lugar de pública diversión, demasiado lo daban a entender las figuras harto escandalosas que en sus paredes y aun en las mismas decoraciones y embocadura del escenario vimos pintadas. El comedor de los alumnos había sido últimamente el asqueroso nido de los espiritistas, en donde, según cuentan algunos que le frecuentaban, fue evocada la sombra del desdichado Prim[4]. Los demás salones

---

había recibido. Fue nombrado obispo de Badajoz en 1854 y de Zaragoza desde 1858. En 1869 participó en el Concilio Vaticano I. Fue creado cardenal por el papa Pío IX en 1877 y participó en el cónclave de 1878 que eligió a León XIII. Su tumba se encuentra en la catedral de La Seo. Sobre la vida de García Gil, cfr. el estudio de Vito-Tomás García Gómez, OP (1990). En las gestiones para encontrar la casa y alquilarla intervino don Joaquín Delgado, «constante y decidido protector de nuestra obra en la ciudad de Zaragoza», que ante las posibles resistencias de la propiedad a arrendar la casa (por el rumor de que fuera para un colegio de los jesuitas) se comprometió a alquilarla en su nombre (cfr. Archivo del Salvador).

[4] El militar y político liberal Juan Prim y Prats (1814-1870), fue uno de los protagonistas de la política española en el siglo XIX y muy especialmente de la

Imagen 4. *Fachada del edificio del Colegio del Salvador (1871-1879) en la actual Plaza del Carmen, esquina con calle Marceliano Isábal* (Fuente: Archivo Colegio del Salvador y Archivo GAZA). En 1973 aún seguía en pie el edificio original, hoy ya desaparecido.

---

revolución de 1868, tras la cual promovió la entronización de Amadeo I de Saboya. Murió como consecuencia del atentado que sufrió en diciembre de 1870. Por otro lado, el espiritismo gozó de gran predicamento en España en el siglo XIX en la sociedad y en la clase política. También en Zaragoza, donde la doctrina y la practica espiritista era seguida por personajes importantes de la cultura y la sociedad zaragozana (vid. M. García Guatas 1988), como el periodista Antonio Torres-Solanot y Casas (1840-1903), hijo del que fuera ministro de Gobernación con Espartero y que heredó el título de vizconde de Torres-Solanot. Torres-Solanot presidió la «Sociedad Progreso Espiritista de Zaragoza», que tal vez era la que se reunía en la mencionada casa, y fue autor de publicaciones sobre el tema e impulsor de revistas como *El progreso espiritista, El criterio espiritista* o *El espiritista* (resultado de la fusión de los anteriores). De hecho, en Zaragoza se publicó en 1870 la novela *Marietta*, una obra que se decía escrita por un médium. Uno de los críticos del espiritismo en esos años fue el jesuita italiano Juan José Franco, SJ (1824-1908), del que se publicarían en España varios libros. A la casa en la que se ubicó el colegio también se refiere Mariano Gracia Albácar (2019, 113 y 150) en sus *Memorias de un zaragozano*, cuando habla del salón de baile de la casa *Sardaña (sic)*, sito en la Plaza del Pueblo número 9: «En una gran estancia del piso principal del citado edificio había un teatro donde algunos aficionados representaban a las mil maravillas tragedias, dramas, comedias, zarzuelas y sainetes».

de la casa servían de fonda y café a excepción de uno de ellos que fue escuela de párvulos, pues todos cogían en esta especie de arca de Noé. Los departamentos del segundo piso estaban abandonados y solo uno de ellos comenzóse a utilizar para clases, el más capaz solo se acomodó para que los niños pudiesen tener la recreación en él cuando el tiempo no les permitía bajar al patio o jardín.

El personal del Colegio

El R. P. Clemente Bofill fue nombrado superior inmediato de este pequeño Colegio que debía fundar, digo inmediato porque en el principio dependía esta casa del superior de la residencia que entonces era el R. P. Román Vigordán[5]. El curso anterior el P. Bofill había sido Prefecto del Colegio de[(ii)] D. José Faura Pbro. y estuvieron con él como profesores del mismo Colegio los HH. Capell y Masvidal[6], de modo que los nuestros tenían la dirección interior del establecimiento, a donde por la misma

---

[5] Clemente Bofill, SJ (Sans, Barcelona, 1835 - Manila, 1893), ingresó en el noviciado en 1861, siendo ya sacerdote; el año 1871, en Manresa, era prefecto de los internos; de allí vino a Zaragoza. Román Vigordán, SJ (Grañén, Huesca, 1822 - Veruela, Zaragoza, 1887), ingresó en el noviciado en 1861.

[(ii)] *De Manresa.*

[6] Mosén José Faura (no confundir con don Valentín Faura, a quien se hace referencia más adelante) era un sacerdote catalán que impulsó la fundación de un colegio en Manresa para el que contó con el P. Bofill, pero que tuvo una efímera vida (solo duró el curso 1870-1871) y no debe confundirse con el colegio manresano de San Ignacio, cerrado en 1868 y reabierto en 1877. Vid. al respecto M. Revuelta (1984, 237; 2009, 535). Los hermanos Capell y Masvidal eran «maestrillos» o «escolásticos», esto es, jesuitas en formación, como Reverter. Juan Capell, SJ (Mataró 1844 - Huesca, 1919), ingresó en el noviciado en 1866; Narciso Masvidal nació en 1846 e ingresó en el noviciado en 1864, junto con Reverter, pero abandonó la Compañía, probablemente en el verano de 1873 (pues ya no consta en el catálogo de 1874), después de su paso por Zaragoza, a donde volvería con el objetivo de encontrar trabajo, como se cuenta en el *Diario* más adelante.

razón habían acudido nuestros antiguos discípulos del Colegio de Manresa quienes el curso anterior habían estado con los nuestros en Tolosa[7]. Así pues se comprenderá cuán oportuna y natural fue la invitación que el P. Bofill envió a los papás de nuestros alumnos para insinuarles que los pertenecientes a la división de los mayores podrían pasar a Zaragoza y los demás a San Gervasio[iii], en cuyos lugares hallarían comodidad para cursar las asignaturas correspondientes.

El R. P. Superior llegó a esta el 19 de agosto de 1871 y a los dos o tres días de su llegada tomó posesión de la casa que debía transformarse en colegio. Al momento comenzó a dirigir las obras, mandando echar tabiques por el suelo, haciendo levantar otros, abriendo aquí puertas, cerrando otras, todo para que esta casa extraña pudiese servir para colegio. Pocos días estuvo solo el P. Bofill con el H. coadjutor Lasala[8] que le había tomado consigo de la residencia para su servicio, porque luego llegaron los HH. Masvidal y Capell[iv]. El día 6 de septiembre vinieron de Barcelona a esta los HH. Fisas, Reverter y el coadjutor Ferrer,

---

[7]   No se trata de la Tolosa guipuzcoana, sino de Toulouse, en el sur de Francia, donde los jesuitas habían establecido las casas de formación tras la supresión de la Compañía en España.

[iii] *Donde había un Colegio de la Compañía en el modo que permitían las circunstancias.*

[8]   El H. Pascual Lasala, SJ (Cinco Olivas, Zaragoza, 1847 - Valencia, 1920) ingresó en el noviciado en 1866. Estuvo de cocinero en la residencia de Zaragoza. Los hermanos *coadjutores* son religiosos que no hacen profesión como sacerdotes (por eso se les llama también «hermanos», como a los escolásticos o jesuitas en formación, y no «padres»). Así como los sacerdotes estaban dedicados fundamentalmente a la dirección y a la enseñanza, los hermanos coadjutores asumían muchas tareas domésticas y manuales (portería, enfermería, cocina, sacristán, mantenimiento...). Sobre las diferentes funciones en los colegios jesuitas de sacerdotes, coadjutores y «maestrillos» vid. M. Revuelta (1998, 56-59).

[iv] *Años después fue el 1er Rector del Colegio de Manresa, cuando fue de nuevo abierto por los nuestros siendo Provincial el P. Vigordán y Socio el P. Rota.*

aquellos para empezar su Magisterio y este para profesor de dibujo[9]. El año anterior el H. Fisas acabó su filosofía en Avignon de Francia y el H. Reverter en el Collell entre las montañas y cerros de Cataluña, en donde vestido de blusa, pantalones de pana, gorra y alpargatas en compañía de otros veintinueve estudiantes de los nuestros y dos Padres que se confundían con los demás profesores del Colegio, aparecía como un simple colegial; aunque en el interior, formando una división aparte, vivíamos como a religiosos conviene.

El reglamento señalaba el 16 para la apertura del Colegio, pero las obras estaban algo atrasadas. Los colegiales del Principado llegaron los primeros, fueron luego entrando los zaragozanos y aragoneses, muchos de los cuales no lo efectuaron hasta después de las fiestas de N.ª S.ª del Pilar, pues en esta ningún colegio se abre, sino pasadas estas[(v)]. El Colegio no pudo abrirse hasta el 1.º de octubre lo cual se hizo sin ningún aparato comenzando simplemente las clases y aun no todas, de manera que hasta mediados del mes no comenzó la marcha regular del Colegio. Entre otras causas fue una el que no todas las clases tenían los libros de texto, además el Colegio se componía en un

---

[9]   El «magisterio» es el periodo de dos o tres años de docencia o prácticas apostólicas al que son destinados los jesuitas en formación después del noviciado (dos años) y los estudios de humanidades, y antes de los estudios de teología. Por eso se les llama «maestrillos» o «hermanos maestros». Joaquín Fisas, SJ (Corts de Sarriá, Barcelona, 1847 - Manresa 1878) ingresó en el noviciado en 1866, a los 19 años; murió a los 31 años, antes de ser ordenado sacerdote. José Reverter, SJ (San Carlos de la Rápita, Tarragona, 1846 - Santiago de Chile, 1933) es el autor de este escrito. Ingresó en el noviciado en 1864 y estuvo como «maestrillo» tres cursos en el Colegio del Salvador: de 1871-1872 a 1873-1874, años que refleja con esmero en esta obra manuscrita. No volvió a Zaragoza. Desde 1881 hasta el final de su vida estuvo en Argentina y Chile. Fue rector del colegio jesuita de Buenos Aires (también denominado Colegio del Salvador, pero fundado tres años antes que el de Zaragoza) y del de Santiago de Chile. Por último, el H. Francisco Ferrer, SJ (Montblanch, Tarragona, 1830 - Gandía, 1895) ingresó en el noviciado en 1856.

(v) *Ahora se abren algunos antes (1881).*

principio de pocos alumnos y esperándose muchos más no se podían formar las clases como convenía.

El día 6 de octubre llegó a esta el H. Gil para restablecer su deteriorada salud y al mismo tiempo ayudar a los profesores en lo que pudiese. El país le probó tanto que muy pronto el Colegio pudo contar con un sujeto más para la inspección y profesorado.

Pocos días después vino de Castellón de la Plana el P. Antillach José, a quien ya de mucho tiempo esperábamos[10].

Status domus de este año 1871[11]

El R. P. Bofill, superior inmediato y prefecto del Colegio, enseñó Física y Química. Al P. Antillach ministro de la casa se le encargó la clase de *Ínfima* con las asignaturas secundarias que pertenecen a este curso.

Se creyó conveniente y para mejor conformarnos con nuestro plan de estudios, el que algunos alumnos antiguos que ya tenían aprobada la Filosofía la repasasen y viesen algunas tesis de Teodicea; para lo cual fue nombrado el H. Gil, quien en este mismo curso tenía que preparar el examen de *Universa Philosophia*.

El H. Masvidal, procurador de la casa, desempeñó las dos clases de Matemáticas.

---

[10] Fermín Gil, SJ (Vega de San Mateo, Las Palmas, 1850 - Chamartín, Madrid, 1914), ingresó al noviciado en 1866. José Antillach, SJ (Balaguer, Lérida, 1841- Mendoza, Argentina, 1903) ingresó al noviciado en 1867. Así pues, en el primer registro de jesuitas del colegio, en el catálogo de 1872, constan los siguientes: dos sacerdotes (Bofill y Antillach), cinco «maestrillos» (Gil, Fisas, Capell, Reverter y Masvidal) y cuatro hermanos coadjutores (Gaya, Martí, Ferrer y Balet). Total: once jesuitas.

[11] El «*status domus*» o «estado de la casa» hace referencia al personal de la misma, con las tareas que a cada uno se encomendaban, tal como se recoge en los catálogos anuales de la Compañía.

La clase de Retórica la componían alumnos que ya la tenían aprobada y otros que no la habían visto siquiera, y así en esta clase estaban refundidos los alumnos del tercer y cuarto año. He aquí la razón por que en este curso se enseñó Retórica. De esta clase se encargó el H. Reverter, que esto escribe, como también de la clase de Historia universal que se tuvo que ver toda este año y por esto fue clase aparte durante una hora entera.

Enseñó clase media con todos los adyacentes el H. Fisas y Preparatoria el H. Capell quien al mismo tiempo preparó a dos alumnos para sufrir el examen de Historia de España.

Clases de adorno

El profesor de música fue el P. Antillach, solo para clase de Piano venía de fuera D. Valentín Faura Pbro. organista del Pilar[12].

El H. Capell enseñó el idioma francés y el H. Gil Gimnasia. Del dibujo y caligrafía se encargó el H. Ferrer.

---

[12] Las «clases de adorno» eran las actividades extraescolares de la época, asignaturas de las que no había que examinarse. Nacido en 1839, el sacerdote y músico Valentín Faura y Vendrel obtuvo por oposición el beneficio de organista primero del Pilar en julio de 1862, a los veintitrés años. Fue maestro de otros músicos como Miguel Arnaudas Larrodé y Juan Francisco Agüeras, que le sucedería como organista del Pilar a su muerte, en 1903. De Faura decía aquellos años Antonio Lozano González (1895, 73), que era «de sólidos conocimientos y de mecanismo sorprendente, (...) uno de los mejores organistas españoles y acaso el mejor de los acompañantes, cuando hay orquesta, por ser exacto en la medida y conocedor peritísimo de las combinaciones más adecuadas al carácter de las obras». Y añadía que «sin la modestia exagerada que le distingue, figuraría en primera línea en el movimiento artístico de España». Tampoco era ajeno a las circunstancias políticas de su tiempo: en marzo de 1869 fue detenido por repartir impresos subversivos. Lo que repartía, al parecer, «era un artículo de *El Pensamiento Español*, "¡Despierta España!", donde, tras mencionar todos los "horrores" anticlericales cometidos en Sevilla, el fusilamiento de santos o la utilización de las cátedras del Espíritu Santo –tribunas políticas– para blasfemar y negar la pureza de la Virgen, hacía un llamamiento a la movilización» de los católicos» (G. De La Fuente Monge 2001, 144).

Inspección

Se mezcló la inspección con el profesorado para no llamar tanto la atención multiplicando los sujetos[13]. En la división primera alternaban los HH. Capell y Reverter y en la segunda los HH. Fisas y Gil. Solo el H. Masvidal estaba libre de la inspección por sus muchas ocupaciones, con todo nos suplía en el comedor.

Por la razón indicada antes, los no sacerdotes tuvieron que presentarse como *caballeros particulares*; nos dejamos crecer las barbas y aparecimos en público como se deja considerar, llamándonos los niños con el dictado de D. Juan, D. José etc. etc.

Por de pronto parecía que solo el Sr. Director era reconocido por individuo de la Compañía de Jesús, mas luego se vio que era inútil encubrirlo con efugios y explicaciones difíciles de creerse. Se podía dudar del éxito de nuestra empresa, pues los zaragozanos, a lo menos los que nos habían mirado siempre con prevención, habían aumentado sus preocupaciones después de lo sucedido con el P. Suárez[vi], además Zaragoza no ha sido siempre la ciudad que más afecto nos había mostrado[vii].

---

[13] La de profesor y la de inspector eran las dos grandes funciones educadoras de los jesuitas en los colegios de la época. Los *profesores* eran responsables de la docencia de las asignaturas correspondientes, de las clases, mientras que los *inspectores* eran responsables de la vigilancia y la disciplina de un grupo de alumnos, organizados en divisiones o brigadas. El responsable de los profesores era el *prefecto de estudios*, mientras que quien supervisaba a los inspectores era el *prefecto de disciplina*. Inspectores y prefectos fueron una institución nueva, propia de la Compañía restaurada. Y aunque se tendió a la «especialización» de las tareas (en parte porque se entendía que debían dedicarse a ser inspectores quienes no tenían capacidad de ser profesores), en los primeros años tales funciones, como se ve, estaban mezcladas, dadas las circunstancias. Sobre las funciones de inspección y profesorado cfr. M. Revuelta (1998, 60-63).

[vi] *A causa de un célebre sermón que publicó en los funerales del general Narváez y que irritó y puso furiosos a los zaragozanos.*

[vii] *Constantemente nos ha sido hostil (1881).*

A pesar de todo eso no deja de ser providencial el que no fuésemos en nada molestados por los de fuera, ni la menor oposición intervino contra nosotros. Ningún periódico hizo la menor alusión si no fue para favorecernos y con mucha prudencia, y muy luego pudimos experimentar las simpatías de que éramos objeto entre gentes de todos colores[14]. Aumentóse de día en día el número de los alumnos y al mismo paso íbase difundiendo el buen nombre del Colegio; pronto llegó su fama más allá de Zaragoza, salvo la provincia misma, y nos vimos rodeados de niños procedentes de las principales familias de Aragón, Navarra y aun de Castilla. La bendición de Dios viose bien patente sobre este pequeño Colegio. No podíamos esperar mejores resultados.

Los colegiales llegaron en este curso a ser unos cincuenta, quienes con cinco criados y el personal formaban una comunidad de 66 individuos. Tal fue el comenzamiento [*sic*] y progreso del Colegio del Salvador en el curso de 1871 a 1872.

---

[14] Como en el resto de las capitales de provincia españolas, también en Zaragoza durante estos años la libertad de prensa favoreció la aparición de periódicos de carácter polémico y combativo. Durante el sexenio democrático (de 1868 a 1874) unos diez periódicos llegaron a estar en la calle. Algunos de ellos se mencionan en las páginas del *Diario* de Reverter, como veremos. Entre otros, cabe destacar el *Diario de Zaragoza*, de talante liberal conservador, fundado en 1857 por Mariano Peiró; el *Diario de Avisos de Zaragoza*, surgido en 1870 de la mano de Calixto Ariño, para sustituir a otro periódico, creado al calor de la revolución de 1868 y que duró poco: *La Revolución*. En 1868 surgió también el periódico *La República*, que dirigió Marceliano Isábal, al que sucedería *El Estado Aragonés*, de tendencia republicana federalista. Y de orientación republicana era también el periódico *La Democracia*, en el que colaboraba Gil Berges. Sobre la prensa zaragozana en esos años, vid. por ejemplo los trabajos de E. Fernández Clemente y C. Forcadell (1979, 67-74) y M. García Guatas (2004, 91-96).

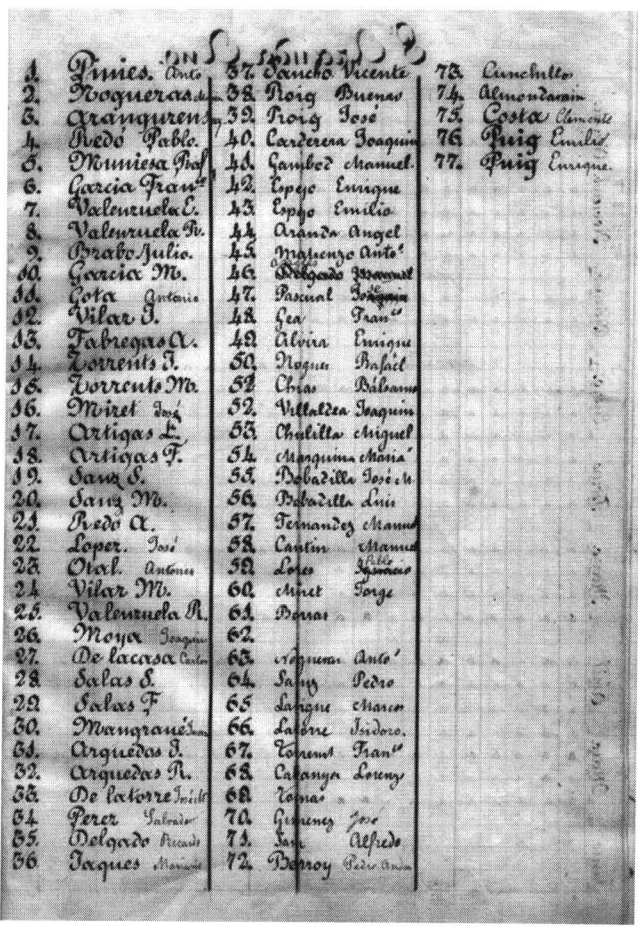

Imagen 5. Primer listado de alumnos del Colegio del Salvador. Cuaderno de notas 1871-1872 (Fuente: Archivo Colegio del Salvador): «Los colegiales del Principado llegaron los primeros, fueron luego entrando los zaragozanos y aragoneses, muchos de los cuales no lo efectuaron hasta después de las fiestas de Nª Sª del Pilar, pues en esta ningún colegio se abre, sino pasadas estas. (...) Aumentóse de día en día el número de los alumnos y al mismo paso íbase difundiendo el buen nombre del Colegio; pronto llegó su fama más allá de Zaragoza, salvo la provincia misma, y nos vimos rodeados de niños procedentes de las principales familias de Aragón, Navarra y aun de Castilla».

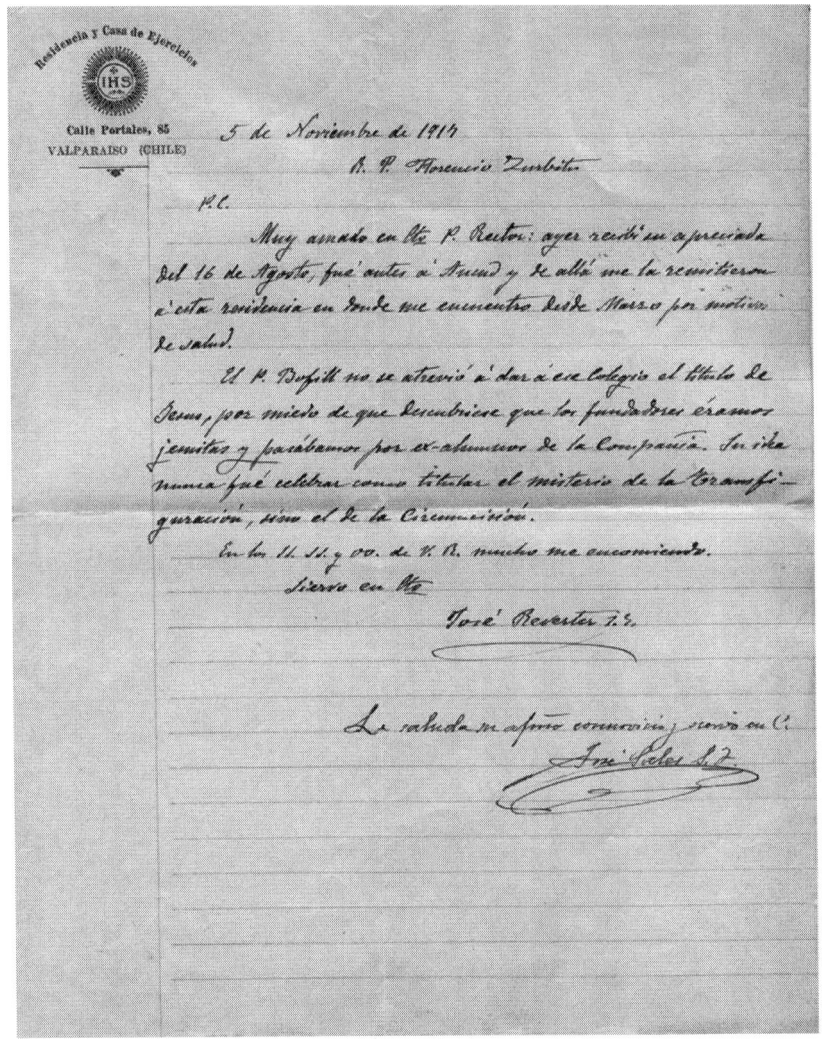

Imagen 6. *Carta de noviembre de 1917 del P. José Reverter, SJ al P. Florencio Zurbitu, SJ, entonces rector del colegio de Zaragoza, sobre el nombre del Colegio* (Fuente: Archivo del Colegio del Salvador): «El P. Bofill no se atrevió a dar a ese Colegio el título de Jesús, por miedo de que descubriese que los fundadores éramos jesuitas y pasábamos por ex-alumnos de la Compañía».

Nombre del Colegio

A este Colegio se le dio el dictado del Salvador por las razones que apuntaré. En primer lugar, la primera intención y deseo de los Superiores fue que se llamase Colegio del Pilar, pero, sea cosa providencial o no, el caso fue que en aquellos mismos días apareció un nuevo colegio que se anunciaba con el nombre del Pilar: este tal es el colegio politécnico bien conocido; así pues fue forzoso pensar en otro titular. El Salvador lo es de La Seo y por otra parte este hermoso título, mejor que otro alguno, dejaba traslucir el nombre que por derecho indisputable convenía a este Colegio establecido por los hijos de la Compañía de Jesús. Ya tenemos pues que el nombre de Salvador encubría lo [que] no era necesario tener tan a las claras.

La fiesta del titular quedó establecido que se celebraría el primero de enero, día de la Circuncisión del Señor.

Sucesos extraordinarios

Día 23 de noviembre

El Colegio celebró la fiesta de S. Clemente por el santo del R. P. Clemente Bofill, Director del establecimiento y fue así: hubo comunión general[15] y en todo primera clase, por la mañana los criados obsequiaron al P. Superior elevando un globo. Comimos con los niños y nos acompañaron en la mesa los PP. y HH. de la Residencia, excepto el P. Pujol que estaba en Ejercicios, y además D. Valentín Faura profesor de piano de este Colegio.

---

[15] Téngase en cuenta que en aquel tiempo la comunión no necesariamente iba asociada a la celebración de la Eucaristía, ni se tomaba a diario. En ocasiones se distribuía al margen de la misa y tratándose de una fiesta especial se hacía con carácter general y obligatorio, lo que implicaba también la confesión general.

Después del café tuvo lugar una pequeña academia titulada *Consuelos y Amarguras* que los retóricos y antiguos alumnos dedicaron a su querido Padre y Director[16]. Los músicos abrieron el acto con un himno que acompañó el citado profesor de piano. Además del Colegio asistieron solo algunas familias que por casualidad se encontraron en casa sin ser invitadas.

Acabado el acto literario, se hizo con alguna solemnidad la entrega de las banderas de clases; nos dirigimos a la capilla en donde se cantaron las letanías de la Virgen. Los emperadores y abanderados estaban arrodillados a las gradas del altar ostentando sus banderas.

Acto continuo se pasó al recreo; hubo algunas detonaciones producidas por ciertos fuegos artificiales que la primera división preparó. Cada división debía elevar su globo, el viento hizo que se quemase el de la primera, y el día siguiente, que fue vacación, se envió el globo colosal de la segunda división que llevó la mejor suerte.

---

[16] Una de las claves fundamentales de la pedagogía jesuítica era el uso de medios de emulación para estimular el estudio. Entre estos estaban los actos privados o públicos y las academias, entendidas como «actividades escolares en las que los alumnos manifiestan públicamente sus conocimientos no en forma de certamen o debate [como era el caso de la concertación] sino mediante la exposición esmerada de sus habilidades o conocimientos. (...) La palabra "academia" tiene dos significados en. la terminología escolar jesuita: la academia como grupo de alumnos selectos, y la academia como acto público organizado por el citado grupo. Según la *Ratio studiorum,* la academia-institución debía organizar, entre sus actividades, solemnes actos públicos que recibían el mismo nombre de academia» (M. Revuelta 1998, 469). Las academias reciben un amplio tratamiento en los capítulos finales de la *Ratio* (XXV-XXX). En este momento, Reverter hace referencia a las academias entendidas como acto público (exposición, declamación, etc.); más adelante hace referencia a las academias-institución (grupos específicos de estudiantes liderados por un profesor para practicar sus habilidades y conocimientos sobre una materia): de filosofía, de retórica, etc.

Día 8 de diciembre

El día anterior se dio fin a los santos Ejercicios que los alumnos hicieron durante tres días consecutivos con mucha devoción y edificación singular de cuantos los vieron. Los dirigió el mismo Padre Bofill, director del Colegio. Casi espontáneamente guardaron silencio en los patios en las horas de recreo y hasta los más pequeños. Íbanse también preparando de mucho tiempo antes los de la primera comunión. Hoy pues, día de la festividad de la Purísima Concepción, a las 6 y ½ dióse principio a la misa que celebró el P. Superior. Los escogidos entre los que todavía no habían recibido el pan de los Ángeles ocupaban en la capilla un lugar distinguido, diferenciándose también de los demás por su chaleco de piqué blanco y por llevar ceñido el brazo derecho por una cinta de seda blanca. D. Valentín Faura tocó el armonium durante el acto; antes de la comunión el celebrante dirigió una plática a los niños que eran el objeto de la fiesta, como también a sus padres y madres que se hallaban presentes; el espectáculo era conmovedor y las sentidas palabras del orador arrancaron lágrimas de los circunstantes. Luego los niños que habían comulgado por primera vez renovaron las promesas del Santo Bautismo, puesta su mano derecha sobre los sagrados Evangelios. Acabóse la función dándose los niños mutuamente el abrazo de los primeros cristianos. Los nuevamente admitidos a la sagrada comunión abrazaron a los demás alumnos y esto ordenadamente. Al salir de la capilla fueron todos detenidos en el salón de visitas donde se declamaron algunas poesías felicitando a los que habían tenido tanta dicha por primera vez. Los profesores les sirvieron poco después un opíparo desayuno. Los papás fueron solo espectadores. Por la tarde hicieron una visita al Pilar.

Natividades

En los días 22 y 23 de diciembre tuvieron lugar los exámenes de trimestre. El 23 por la tarde todos los alumnos pasaron de la sala de exámenes al comedor, en donde se les sirvió una abundante merienda de dulces que nadie esperaba. Los niños no fueron a sus casas y fue necesario entretenerles del mejor modo posible. Este paso nunca mejor que ahora se podía dar, pues era el primer año que llevaba este establecimiento. Ya de muchos días antes se habían designado secciones de colegiales que debían ocuparse en su cometido. Unos preparaban lo necesario para el Nacimiento, hacían casas, molinos, castillos, puentes de cartón etc. etc. dirigidos por uno de los profesores; otros estaban encargados de preparar las decoraciones del teatro que consistió este año en grandes piezas de papel pintado, sin tablas, prestándose para pocas tramoyas. En fin los actores estudiaban sus papeles, todo lo cual se hacía en tiempo de recreo.

Vino la Nochebuena y a las 11 y ½ se despertó a los niños al son de las panderetas, lo cual les sorprendió sobremanera, principalmente al ver que los SS. Profesores y aun el mismo S. Director formaban parte de esta comitiva. En la misa que fue rezada los colegiales en el momento de la adoración se acercaron al altar para ofrecer sus dones; como barras de turrón, pavos, gallinas y otros regalos; hubo quien ofreció los galones que le habían tocado por premio y todos decían alguna cosita al divino Niño. La ceremonia acabó con un corto diálogo entre dos que fingían ser pastores. El diálogo se improvisó en esta misma noche. Después de la misa nos trasladamos al segundo piso, en donde se había levantado el nuevo Belén, cuyas preciosas figuras las debe el Colegio a la liberalidad del R. P. Provincial Mariano Orlandis[17].

El día fue de primera clase y por la noche comenzaron las representaciones pastoriles, diálogos, composiciones dedicadas al divino Niño, pues en el fondo del teatro estaba precisamente y para este fin el Nacimiento ya indicado. Los días siguientes

---

[17] Mariano Orlandis, SJ (Palma de Mallorca, 1833-1877) ingresó en el noviciado en 1851. Fue nombrado provincial de Aragón el 14 de septiembre de 1871.

se repitió algo de lo representado, añadiéndose siempre algo nuevo. Lo que más llamó la atención y más mérito tenía fue un pequeño dramita, «Los Pastores», que compuso el H. Capell. En la víspera del día de Inocentes se reunieron los colegiales y a votación se eligió un rey de inocentes que fue el S^{ito}. Pablo Redó: estaba con su familia de resultas de la rotura de un brazo, pero ya restablecido. Un coche se dirigió a su casa, de donde le sacaron los comisionados. El pueblo inocente mandaba ya en el Colegio y recibió a su rey con entusiasmo y con una carretela [sic] ligera le pasearon por todo el Colegio. La coronación se hizo con aparato en la sala del teatro. En el momento más solemne, los ministros leyeron en presencia del nuevo rey sus peticiones. El día de Inocentes los colegiales iban por todo el Colegio triunfantes, aunque nunca les dejaban del todo los inspectores. Se invitó a las familias a que asistieran a los actos infantiles de aquella noche en que, entre otras representaciones, tuvo lugar la renuncia del rey inocente. La familia de D. Pablo Redó envió a los colegiales una abundante y escogida merienda[18].

Día primero de enero

Todavía no estaba determinado celebrar el tutelar [sic] del Colegio en este día, con todo fue de primera clase y hubo algunas representaciones por la noche. Estas funciones teatrales, aunque no dejaron de estar animadas, con todo no pudieron prepararse cual convenía. Los mejores alumnos tenían entre manos una academia que les tenía del todo ocupados pues debía celebrarse públicamente.

---

[18] Pablo Redó Vignau fue el primer Rey de Inocentes, fiesta en la que los alumnos «tomaban» simbólicamente el control del Colegio y que se celebró desde la fundación hasta 1908, año en el que, al concederse a los alumnos días de vacación para pasar las Navidades con sus familias, se interrumpió esa tradición. Un recuerdo de esa primera celebración se recogió también en la revista *El Salvador* 37 (1922), 15-16, basado en el testimonio del propio protagonista.

Este acto extraordinario se efectuó el día 2 de enero de 1872. Se habían ya impreso algunos centenares de programas, que no se repartieron sino en el mismo acto a causa de no hacer demasiado ruido. Se invitó solo a los conocidos y asistieron más de doscientas personas. El éxito fue felicísimo y el Sor Arzobispo, que presidía el acto, quedó sumamente complacido.

La Academia que estaba dedicada al tutelar del Colegio versó, como era natural, sobre la Redención; contenía tres partes: el hombre inocente, caído y redimido; cada parte era interrumpida por un coro análogo al asunto particular de aquella misma. Los coros fueron ejecutados por los alumnos del Colegio. Este acto tuvo lugar en el salón dormitorio del cual quedó ocupado una gran parte para este objeto. Adornado lujosamente, presentaba un espectáculo muy agradable; el fondo aparecía en forma de escenario, en el cual pudieron colocarse todos los colegiales, ocupando un lugar de preferencia los poetas.

El acto comenzó por una composición poética gratulatoria al Sor Arzobispo y tuvo fin con un discurso latino declamado por D. Juan Torrens dirigido al mismo prelado; el orador acabó pidiéndole la bendición para todos los concurrentes. Estas composiciones no se relacionaban con lo demás de la academia y [ello] produjo una buena impresión. El ilustre prelado, luego que llegó a su palacio, envió una lujosa y peregrina caja de dulces para los alumnos del Salvador pues no sabía cómo manifestar su satisfacción.

Los profesores del Colegio trabajaron mucho para preparar este acto literario y les ayudó mucho el P. Barris residente en esta ciudad[19]. Los alumnos tuvieron poca parte en ello; solo pudieron mostrar su talento en las declamaciones.

---

[19] Carlos Barris, SJ (Manresa, 1840 - Barcelona, 1889) ingresó en el noviciado en 1857. Los años 1872-1873 estaba destinado en la residencia de Zaragoza.

Día 4 de enero

Comenzó el triduo de renovación, que no pudo hacerse en el mismo día de los Reyes, por querer dar un día de descanso antes de empezar el triduo[20]. Por este tiempo se instaló la Congregación de S. Luis para los alumnos más edificantes. El H. Gil fue nombrado prefecto de la tal Congregación[21].

Fiestas de Carnaval

Ya hacía unos quince días que se estaba preparando la tragedia tan conocida en nuestros colegios titulada «Agapito», que se ejecutó el primero y tercer día de Carnaval con sus bellos coros, aunque sin acompañamiento. El último día sobre to[do] no dejó nada que desear en cuanto a la representación. El día que hubo intermedio se puso en escena una comedia jocosa, aunque moral, llamada «Las aventuras del Tío Mateo». Los niños la representaron muy bien y se divirtieron cual nunca[22].

---

[20] El «triduo de renovación» hace referencia a los tres días de retiro y oración que culminan con la renovación de los votos realizados al final del noviciado. Es una práctica devocional de los jesuitas en formación que sigue practicándose en la actualidad.

[21] Las congregaciones marianas eran otra pieza fundamental de la enseñanza en los colegios jesuitas. Son asociaciones de colegiales para fomentar la formación religiosa, la piedad, las virtudes cristianas y la vivencia comunitaria de la fe. En los colegios podían instalarse una o más congregaciones, en función de las edades de los alumnos (en Zaragoza llegará a haber tres). Todas las congregaciones de todos los colegios seguían las mismas reglas y formaban parte de una misma asociación universal, aprobada canónicamente. La admisión a la congregación requería ciertas condiciones (buena conducta, aprovechamiento en el estudio...) y un período de prueba o instrucción. El ingreso y la pertenencia a la congregación se convertía en la mayor distinción que un colegial podía obtener. Sobre el papel de las congregaciones en la vida colegial, cfr. M. Revuelta (1998, 342ss).

[22] Es sobradamente conocida la importancia que el teatro ha tenido en la educación jesuita desde sus inicios (la bibliografía al respecto es abundante, vid. una breve revisión en L. F. Martínez Quevedo 2014). De hecho, la *Ratio* animaba

Fiestas de Semana Santa

Los colegiales, después de haber sufrido el examen de este segundo trimestre, comenzaron las vacaciones el miércoles santo por la tarde. El Jueves Santo hubo comunión pascual, pero no se celebró misa en la capilla quizás por no tener monumento[23]. Serían las 9 de la mañana cuando salieron los niños del Colegio, divididos en tres secciones, y visitaron algunas iglesias. Por la tarde comenzaron del mismo modo a visitar los monumentos y continuaron el día siguiente muy de mañana. El viernes y jueves guardaron casi silencio en los recreos. Cada colegial llevaba algunos reales para poder hacer limosna a los pobres y demás, que la pedían en las puertas de los templos. El viernes por la tarde a las 2 tuvo lugar la función de las tres horas de agonía; el día anterior también hicimos el Viacrucis, en cuyos intermedios se cantaban los estribillos del mismo. Los tres días de Pascua se pasaron entre recreos y paseos. No se podía hacer nada extraordinario, se temía que se rompiese el orden público pues comenzaban las elecciones[24].

---

al profesor de retórica a realizar representaciones en clase. En los colegios de la Nueva Compañía pervivió la presencia del teatro, y sobre todo en ocasiones especiales, como es el caso que menciona Reverter, con obras originales o adaptaciones que hacían los propios jesuitas. *Agapito* era una obra común en los colegios de la época: «Era una pieza clásica del teatro jesuítico, compuesta por el humanista francés P. Charles Porée en el siglo XVIII, que narraba la historia de un niño mártir de las catacumbas» (M. Revuelta 1998, 508).

[23] El *monumento* es la capilla o el altar en el que en Semana Santa se reservan y adoran las hostias consagradas, desde la última celebración eucarística del Jueves Santo hasta los oficios del Viernes Santo.

[24] Las de abril de 1872 fueron las segundas elecciones convocadas durante el reinado de Amadeo I de Saboya, con la Constitución de 1869. Las primeras habían sido en marzo de 1871, convocadas por Serrano. Y las terceras tendrían lugar en agosto de 1872, provocadas por el escándalo de corrupción de Sagasta. En abril de 1872 tuvo también lugar en Zaragoza el Congreso Obrero de la Federación Regional Española y durante ese año se produjeron diversos conflictos reclamando mejoras sociales (horneros, carpinteros, tejedores, marmolistas, zapateros, ferroviarios...).

Día 8 de abril

El P. Antillach, ministro de esta casa y profesor de *Ínfima* y de solfeo, salió de esa para Buenos Aires. Difícil es pintar la tristeza y llanto de sus discípulos luego que lo supieron. Al despedirse, le dieron todos los alumnos estampas y fotografías para los negritos, como decían los niños. También se le declamaron algunas poesías. Los profesores con el Sor Director le acompañaron hasta la estación. El H. Gil tomo la clase de 1er año y el H. Reverter la de solfeo, hasta que llegase el padre Rosés, que no tardó en venir[25]. Este fue nombrado ministro de la casa y prefecto de Música. La clase de solfeo dividióse en dos, el dicho padre se encargó de los adelantados y el H. Reverter de los restantes; era antes muy numerosa y necesitaba dos profesores.

Por este tiempo se inauguraron las academias. Estas fueron dos; presidía la de los filósofos y retóricos el H. Reverter, y la de los demás el H. Gil.

Mes de mayo

El mes consagrado a la Reina de los cielos celebróse con mucha pompa, contribuyendo más que todo el tener al padre Rosés en el Colegio. Asistían algunas familias y los días festivos había plática que casi siempre [pronunciaba] el P. Mach que por ese tiempo se encontraba en Zaragoza, aunque no vivía en el Colegio[26]. Se

---

[25] Miguel Rosés, SJ (Barcelona, 1835 - Manila, 1895) ingresó en el noviciado en 1861.

[26] José Mach, SJ (Barcelona, 1810 - Zaragoza, 1885) ingresó en el noviciado en 1825 y en sus años de formación le tocó vivir en Madrid el asalto al Colegio Imperial y el asesinato de los jesuitas. Después de años de estudio en el destierro, de vuelta a España recaló en Calatayud y luego en Zaragoza, en los años de la dispersión. Volvió a Zaragoza en 1872 y luego fue destinado a Alcañiz, Teruel y finalmente de nuevo a Zaragoza, donde falleció el 26 de julio de 1885. Tuvo una gran actividad misionera popular, de la que queda constancia además en sus publicaciones: libros y folletos dirigidos a los sacerdotes y a los fieles para animar la vida cristiana.

nombró una comisión de colegiales para hacer flores artificiales y el altar estuvo muy [... *falta texto*].

Días de campo

Durante el curso solo tuvimos unos cuatro días de campo; uno de estos se tuvo en la quinta de D. Zacarías, dueño de la casa que habitamos; los restantes en despoblado, aunque al abrigo de algún frondoso bosque. El último fue fatal: la lluvia nos cogió estando dispersos los colegiales, aunque acompañado[s] de un inspector que había emprendido una larga caminata con una gran parte de ellos. Tres coches fueron a buscarles y los condujeron al Colegio en donde se comió.

Como se habrá podido notar, no se han vuelto a repetir los fuegos artificiales que en el principio del curso tanto divirtieron. La razón de esto es que las detonaciones espantosas del día de la Purísima causaron alguna alarma y hasta algunos agentes del orden público vinieron al Colegio para cerciorarse de lo que aquellas podían significar. Esto nos hubiera podido comprometer, pero la ciudad nos quería ya mucho de modo que el mismo «Diario de Avisos» anunció «que algunos fuegos artificiales que habían tenido lugar en una casa particular de la plaza del Pueblo habían alarmado a las calles vecinas».

Fin de curso

Al comenzar el mes de mayo se dio a los alumnos los programas de las respectivas asignaturas que en este mismo año había publicado el Instituto de Zaragoza.

Día de Corpus

Fuimos a ver la procesión desde los balcones de las casas cuyos dueños los habían puesto a nuestra disposición. Nos dividimos también en varias secciones, como se hizo el Viernes Santo.

Festividad del Sagrado Corazón de Jesús

Fue día de vacación. El Santísimo estuvo expuesto todo el día en la capilla lujosamente adornada: los colegiales, por turno, se sucedían en guardar al Señor[27]. Por la tarde se celebró una gran función, a la que asistió mucha gente conocida; predicó el P. Miés perteneciente a la residencia de esta[28]. No se hizo procesión, pues ni el local lo permitía ni existía todavía la congregación del Sagrado Corazón.

Día 12 de junio

Comenzaron los exámenes del Colegio por escrito.

Día 15

Hoy empezaron los exámenes del Instituto y acabaron el 18.

Día 19

Se exigió a los niños un examen oral de todas aquellas asignaturas de las cuales no habían sufrido examen en el Instituto: ya hubieran tenido lugar estos exámenes del Colegio algún tiempo antes, pero los del Instituto se anticiparon y tuvieron que ser después. Todos salieron bien a pesar del rigor con que se procedió en el Instituto, especialmente en algunas asignaturas. Los mismos profesores del Instituto, después, se hicieron lenguas alabando lo bien dispuestos que estaban nuestros alumnos.

Día 21

La fiesta de S. Luis se celebró del modo que diré: por la mañana hubo comunión general; por la tarde, la distribución de premios

---

[27] *Guardar*, léase «hacer guardia», velar o adorar, haciendo oración, la presencia de Jesús sacramentado en la hostia consagrada que se expone en el altar.

[28] Luis Miés, SJ (Lérida, 1828 - San José de Roquetas, Tortosa, 1892) ingresó en el noviciado en 1862.

se redujo a leer las notas o resultados de todos los exámenes de cada alumno y a anunciar los premios de conducta, religión y aplicación en los ramos a que se dedicaron durante el año. Un cuadro que contenía los alumnos premiados se entregó impreso a las familias, como también un billete en el cual constaba la nota de exámenes.

A las 6 y ½ comenzó la función de la capilla, a la que asistió mucha gente de fuera. El P. Mach hizo el panegírico del Santo.

Día 22

Al levantarse, los niños vistieron el uniforme, y cuando serían las ocho de la mañana, poco más o menos, en menos de media hora habían ya desaparecido más de 40. Antes del 24 quedamos solos.

Día 26

Comenzamos el triduo para la renovación que se hizo el día de S. Pedro. Renovaron con nosotros los PP. Puig y Pérez Santiago quienes para esto vinieron de sus respectivas residencias de Aragón algunos días antes[29].

Comenzamos luego las vacaciones y por de pronto las mayores[30]. Estas las pasamos en la quinta de Castellano, conocida por este nombre por ser el de su dueño, uno de los principales personajes de Zaragoza. Salíamos por la mañana del Colegio

---

[29] Francisco Puig, SJ (nacido en 1835) ingresó en el noviciado en 1856. En el catálogo de 1874 ya no figura, ni tampoco entre los difuntos; quizás salió de la Compañía. Santiago Pérez, SJ (Luna, Zaragoza, 1841 - 1877) ingresó en el noviciado en 1867, probablemente siendo ya sacerdote, pues en 1874 figura haciendo la tercera probación. Murió sin haber hecho los últimos votos. Ambos pertenecían a la residencia de Graus, aunque al parecer desempeñaban su ministerio en Barbastro y Luna, respectivamente.

[30] Las vacaciones *mayores* eran días de descanso total, mientras que las *menores* eran un descanso atenuado, con algunas tareas, previas al inicio del curso.

después de haber oído misa; en la torre comíamos y nos divertíamos presididos del P. Rosés; por la noche, después de la cena, nos dirigíamos otra vez al Colegio en donde dormíamos. Para más variedad hicimos dos expediciones: la primera a Magallón, país estéril y montañoso, pasamos un día visitando la sagrada imagen que se venera en aquel cerro; la otra fue a Alagón, para lo cual tomamos el tren de Navarra.

Las vacaciones menores se sucedieron y las pasamos en casa.

Durante estos tiempos tuvieron trabajo los albañiles en el Colegio y dispusieron el salón del segundo piso tan capaz como el del primero, e hicieron otras mejoras notables muy necesarias. Tal fue la disposición del R. P. Provincial para que pudiésemos satisfacer a muchas personas que deseaban confiarnos sus hijos. Hízose pues un nuevo contrato con el dueño de la casa; aumentóse el alquiler, pero de tal manera que con este aumento quedasen pagadas las obras del Colegio, además de habernos cedido más local.

Teniendo que aumentar los alumnos, el R. P. Provincial acrecentó el personal de la casa. Así es que el día 19 de agosto llegaron a esta el padre Manuel Roselló y los HH. maestros Alberich, Maigí y Cherta[31]. Pocos días después salió de este Colegio el H. Capell para estudiar Teología en Bañolas.

Día 30 de agosto

Entramos en Ejercicios, que nos los dio el padre Mach; acabados los cuales vino a esta el R. P. Provincial, Mariano Orlandis,

---

[31] Manuel Roselló, SJ (Montblanc, Tarragona, 1835 - Veruela, Zaragoza, 1921) ingresó en el noviciado en 1864. Jacinto Alberich, SJ (Barcelona, 1848 - Manila, 1912), Tomás Maigí, SJ (Roquetas, Tarragona, 1847 - Valencia, 1912) y Juan Cherta (Burriana, Valencia, 1845 - Buenos Aires, 1920), ingresaron en el noviciado en 1865. Cuando llegan al colegio los tres eran «maestrillos» o jesuitas en formación, como Reverter.

con su Socio, el P. Vigordán[32]. Moraban en la Residencia; con todo, la plática de la visita tuvo lugar en el Colegio, con lo demás que suele hacerse en tales casos.

Status Domus para el curso de 1872 a 1873

En la comida leyóse el *Status Domus* presidiendo en la mesa el R. P. Provincial y es en sustancia como sigue: en primer lugar el R. P. Provincial declaraba a este Colegio independiente de la Sección Aragonesa, así el R. P. Bofill fue nombrado superior de este Colegio, profesor de Fisiología y prefecto de la salud y de la capilla, siendo además director de la congregación de San Luis del Colegio.

El P. Rosés quedó hecho Prefecto de estudios, ministro de la casa más prefecto de música y profesor de historia natural.

El P. Roselló fue designado para confesor de los colegiales y profesor de *Ínfima*.

El P. Miés, individuo de la Residencia, sería también Prefecto espiritual de los niños, siéndolo de los nuestros el P. Pujol, superior de la sección aragonesa y de la Residencia[33].

---

[32] El *socio* es el secretario y persona de confianza del provincial. En su visita, el padre provincial, además de tener con cada uno de los jesuitas la entrevista personal o cuenta de conciencia, tendría una plática o charla con todos ellos, en la que expresar sus impresiones sobre la obra y la misión de la Compañía, etc.

[33] José M.ª Pujol, SJ (Cervera, Lérida, 1820 - Manresa, 1904) ingresó en el noviciado en 1840. Superior de la residencia de Zaragoza de 1873 a 1878, daba también clases en el seminario diocesano. Las «secciones» responden a la distribución que se hizo de los jesuitas de las dos provincias españolas (Castilla y Aragón) para hacer frente a la dispersión ocasionada por el decreto de supresión de la Compañía en 1868, y al hecho de que los provinciales se vieron inicialmente obligados a exiliarse en Francia. La provincia de Aragón se organizó en cuatro secciones: Valencia, Aragón, Baleares y Cataluña. Y al frente de cada una de esas secciones se nombró un superior, que en realidad era delegado del provincial, para suplir su ausencia. La división en secciones se mantuvo mientras los provinciales tuvieron que residir en Francia. En los catálogos de la

El H. Alberich fue señalado para enseñar los dos cursos de Matemáticas, primero y segundo; además Geografía, Historia y Aritmética a los de *Media*.

Al H. Masvidal, sobre ser procurador, cúpole la clase *Media*, al H. Gil la *Suprema* con las historias Universal y de España, y al H. Reverter la Retórica.

El H. Maigí encargóse de la clase *Preparatoria*.

Fueron nombrados Inspectores los HH. Fisas y Cherta, este de la 1.ª división, aquel de la 2.ª sin tener que ocuparse en las clases.

Los coadjutores quedaron con los mismos cargos.

Día [*en blanco*] de septiembre fue la salida del R. P. Provincial con su Socio para Barcelona.

Día 16 de septiembre: este era el señalado para abrirse el Colegio.

Compañía, la provincia de Aragón aparece dividida en secciones hasta 1872-1873, pero, como señala M. Revuelta (1984, 151ss), «desde 1871 aparecen también los aragoneses distribuidos en residencias, y ya entonces eran estas, más que las secciones, las unidades de gobierno».

JHS

Curso de 1872 a 1873

Desde el día 16 de septiembre fueron entrando los alumnos en el Colegio y a los pocos días estaban todos los llamados. Es admirable la puntualidad en acudir al tiempo indicado, pues las cosas de España andaban algo revueltas[1]. El mismo día fueron examinados los nuevamente ingresados, todos preparados para formar parte de la clase a que fueron aplicados.

Día 17

Celebróse la misa del Espíritu Santo, aunque sin aparato ni solemnidad, luego después siguió la apertura de las clases, en la que el R. P. Superior habló a los alumnos del doble fin de este Establecimiento que no era distinto del que se habían de proponer los mismos colegiales: inmediatamente después se publicaron los nombres de los alumnos pertenecientes a las respectivas

---

[1]   La inestabilidad política era total. La monarquía era objeto de continuos ataques e incluso el 10 de julio se había producido un atentado contra los reyes. En agosto había habido nuevamente elecciones (unos meses después de las últimas, provocadas por un escándalo de corrupción de Sagasta) y en esta ocasión había salido reforzado el partido radical liderado por Manuel Zorrilla y el republicano de Pi y Margall, frente a los constitucionales y monárquicos conservadores de Sagasta y Cánovas. Y desde las elecciones de abril el carlismo se había visto revitalizado (sobre todo en Navarra, País Vasco, Cataluña y Valencia); en primavera se había producido un primer alzamiento y en diciembre comenzaría una nueva guerra civil, otra más que añadir a la que ya se libraba en Cuba desde 1868. Y a todo ello hay que añadir la conflictividad social derivada de las circunstancias sociales y el surgimiento del movimiento obrero.

clases con su correspondiente profesor. Hubo *lectio brevis* y en los salones de estudio se leyó el Reglamento.

Día 18

En las clases se hicieron las composiciones de puestos.

Día 19

El Colegio tuvo día de campo; comióse en casa pero hubo paseo mañana y tarde. Se buscaba ya una torre en donde pasar estos días de recreo, pero no estaba concluida la cuestión.

Día 1.º de octubre

Comenzaron las clases de adorno; los músicos se dividieron en dos secciones; el H. Reverter fue nombrado profesor de la primera sección, el H. Fisas de la segunda. D. Valentín Faura siguió enseñando a los pianistas. El H. Masvidal fue señalado para profesor de francés y el H. coadjutor Ferrer siguió enseñando dibujo. De la clase de gimnasia se encargó el hermano Maigí.

Día 3

Tuvieron principio las academias de castellano; fue prefecto de la de 6.º y 4.º año el profesor de Retórica y de la de los menores, el de *Media*. En estas reuniones literarias, que se inauguraron el curso pasado, solo eran admitidos los congregantes y por lo mismo los más virtuosos y aplicados alumnos del Colegio. Por votación se eligieron el presidente, secretario y dos magistrados.

Día 4.º

En este curso consideróse como distribución del Colegio la bendición del Santísimo en todos los primeros viernes del mes; asistían a esta función los colegiales y se hacía con alguna solemnidad. Hoy fue el primer día que tuvo lugar este acto público de adoración al Sagrado Corazón de nuestro amable Redentor. Por este medio se insinuaría, más definitivamente quizás, la devoción a este divino Corazón, que más tarde se dejó ver en muchos colegiales.

Día 6.º

Se instalaron las academias de Griego y Lengua italiana, hoy domingo, debiéndose repetir todos los domingos. El H. Reverter presidirá la academia de Griego y el H. Masvidal la de Italiano. Solo asistían los alumnos de la 1.ª división.

Día 10

En este memorable día tuvo lugar la consagración del suntuoso templo del Pilar que acababa de ser renovado[2]. El Colegio no inmutó para nada la distribución ordinaria.

Día 12

Celebra hoy Zaragoza la fiesta de su excelsa Patrona, tuvimos también fiesta de primera clase y hubo comunión general. Este año los habitantes de esta noble ciudad se excedieron a sí mismos, todo fue grande y extraordinario.

Habían concurrido para celebrar la augusta ceremonia de la consagración del templo muchos ilustres prelados españoles. Los colegiales fueron a visitar a nuestra Señora del Pilar a la 1 y ½ de la tarde, volvieron pronto al Colegio para salir de nuevo a las 4 y ½ para las procesiones que pudieron ver desde los balcones de las casas cuyos dueños nos invitaron; así también presenciaron por algunas noches los fuegos artificiales pues las fiestas duraron ocho días consecutivos, aunque hubo clase sin alterar más distribuciones que las que impedían asistir a tales

---

[2] M.ª Pilar Poblador (2021) ha reconstruido la consagración de la catedral de Ntra. Sra. del Pilar de Zaragoza.

espectáculos que por lo común eran de noche. En uno de estos días fuimos visitados por el Excmo. Obispo de Gerona, ansioso de conocer a los alumnos de este establecimiento[3]. El día antes de su venida se le esperaba, pues habíase hecho anunciar. Todo estaba preparado para la hora señalada, había quien atisbaba por los balcones que miran a la plaza del Carmen, cuando he aquí que por una de las esquinas de enfrente aparece un Obispo... dase el aviso, pónese en movimiento todo el Colegio; otro individuo, que también miraba por si venía el ilustre personaje, vio que no venía al Colegio y que no era el esperado... por lo tanto llámase esto un solemne chasco. Supimos después que graves ocupaciones le habían estorbado sus propósitos. Vino al día siguiente, se le recibió en la capilla, mientras estaba postrado ante el altar cantaron los alumnos el *Tu es sacerdos* etc.: toda la capilla estaba adornada como de primera clase. El ilustre prelado concedió indulgencias a los que rezaren ciertas preces a la Virgen del altar mayor; luego, lo mismo hizo con S. Luis para los congregantes.

Inmediatamente se le enseñó uno por uno todos los departamentos del Colegio y vino a parar a uno de los salones, en donde le esperaban todos los colegiales. Los retóricos habían improvisado el día antes algunas poesías con las cuales le festejaron; acabó el acto con un diálogo entre tres alumnos que se contaban mutuamente lo ocurrido el día anterior, con el célebre chasco que tuvieron todos esperando al Sr. Obispo y, al fin le pedían alguna vacación, pues caía esto en las mismas fiestas del Pilar. Todo hecho con cierta delicadeza, le admiró sobremanera al ver cómo ya se le contaba, en verso y a lo largo, lo ocurrido la tarde del día pasado y a las 10 de la mañana siguiente.

El P. Superior hizo que les concediera alguna vacación, lo cual hizo el Prelado con suma satisfacción concediéndoles el día en que estábamos y el siguiente, después de haber respondido

---

[3]   Desde 1862 era obispo de Gerona Constantino Bonet y Zanuy (1808-1875), que a partir de 1875 lo fue de Tarragona.

afectuosa y elegantemente a los sentimientos expresados en las poesías que se le dirigieron. Marchóse muy complacido, quedando nosotros muy contentos al ver que habíamos correspondido con gratitud a los muchos favores que nuestra Provincia ha recibido y recibe al presente de este ilustre Prelado.

Algunos días después también se esperaba que el Patriarca de las Indias nos visitaría, según los deseos que había mostrado de hacerlo a algunas personas que nos avisaron. No pudo efectuarlo el bondadoso prelado por sus muchas ocupaciones. En el Colegio, se habían ya hecho algunos preparativos para recibirle.

Día 1.º de noviembre

Recibióse en arriendo la torre de Castellano, situada junto al mismo paseo de Torrero. Siguió cultivándola el mismo colono, pero dirigido por uno de los dependientes del Colegio.

Día 13

Fuimos a campo y por primera vez se celebró en nuestra torre.

Día 22

Los alumnos de sexto año tuvieron una concertación de Historia natural y Fisiología a que asistieron todos los del Colegio, nadie de fuera de casa[4]. Sirviéronse al efecto de parte de

---

[4] Uno de los métodos de emulación propuestos en la *Ratio studiorum* es la realización de debates escolares. Tales debates tomaban la forma de *concertaciones* (cuando se trataba de Retórica, Geografía o Historia) o de *disputas* (en la asignatura de Filosofía), antecedentes de los actuales torneos de debate. La concertación era una confrontación o debate entre grupos de alumnos (bandos o imperios) que se desafiaban o retaban. El debate estaba perfectamente reglamentado en cuanto a su organización y desarrollo, puntuación y resultado, del que se derivaba el consiguiente reparto de puestos y honores. Las concertaciones podían ser públicas (con asistencia de alumnos de otras clases, de profesores y padres del Colegio, o incluso personas de fuera) o privadas

un esqueleto humano y de grandes láminas que lo representaban, dejadas por alguna persona para mejor celebrar este acto, que fue el primero que de este género se diera en este Colegio. En general, hicieron mucho los alumnos de este curso, pero principalmente nada dejaron que desear los Señoritos Juan de Torrens y Augusto Fábregues, que alabaron con sus discursos respectivos las asignaturas que se les confiaron; aquel la Fisiología, este la Botánica.

Día 23

Santo del Sr. Director: por la mañana a las 10 y ½ se reunió todo el Colegio en el espacioso salón de visitas, adornado como suele hacerse en los actos públicos de la Academia, y esto para felicitar al Sor Director. Todas las clases lo hicieron por su orden y según lo permitían sus adelantos y correspondientes asignaturas. El P. Superior, al recibir estas muestras de cariño de sus amados hijos, estaba sentado bajo un gran dosel, teniendo a su alrededor a los señores profesores y padres de la Residencia. Hubo también algunas personas conocidas que, sin ser invitadas, se encontraban entonces en el Colegio. Al principio, medio y fin de las felicitaciones se entonaron himnos, pero ninguno más patético como el último, compuesto para el objeto que diré: los alumnos iban, acabado el acto, a ofrecer un rico cáliz que para esto se envió a buscar a Barcelona; el himno de que he hablado estaba hecho para el momento solemne del ofrecimiento. El P. Superior ignoraba esta hermosa conspiración, llevada a cabo con el beneplácito del R. P. Provincial. Ahora bien, en medio del salón se elevaba una mesa en cuyo centro veíase una pirámide de flores y en el vértice de esta estaba como enclavada una imagen de S. Clemente: nada más aparecía. Entonóse por fin el himno que cerraba la función y los dos Brigadieres de

---

(que se desarrollaban en la propia clase). Vid. una explicación detallada de las concertaciones y las disputas en los colegios jesuitas de la época en M. Revuelta (1998, 441ss).

órdenes, con cuidado, levantaron algunas flores de la dicha pirámide y apareció el precioso cáliz sobre una hermosa bandeja colocado, y en el mismo instante en que, interrumpido el coro, una voz sola con suave acento pedía al padre que se acordase de sus hijos al hacer bajar al Señor sobre aquella patena y cáliz, en aquel mismo momento, repito, presentaban el sagrado don los Brigadieres al P. Superior. Este apenas pudo pronunciar, lleno de emoción, las precisas palabras que requieren semejantes circunstancias.

En tan solemne acto lucieron por primera vez las banderas de las clases; son estas de terciopelo de seda adornadas con ricos galones, teniendo la forma de estandarte; alguna tenía bordaduras de oro, cosa que se procuraban los mismos alumnos. Un esbelto pedestal las sostenía siendo coronado por el escudo del Colegio, en una forma tal que pudiesen desprenderse de su centro los estandartes.

El escudo de que hemos hablado tiene el diámetro poco más o menos de un doblón, consiste en una especie de manto regio en cuya parte más elevada y central aparece la cruz, del fondo del mismo manto o pabellón se destaca el escudo de la coronilla de Aragón que lleva las barras históricas.

Día 4 de diciembre

Comienzan los colegiales a hacer los Santos Ejercicios, interrúmpense las clases y si alguna vez acuden los alumnos a ellas es para recibir de sus mismos profesores lección de moral y religión. Los ejercitantes rezaban semitonado el oficio parvo de la Virgen y dábanles las meditacion[es] o les hacían las pláticas, ya el P. Superior, ya el P. Mach, casi siempre alternando los dos[5]. En los recreos apenas se notó que estaban en Ejercicios, quizás porque eran este curso en mayor número

---

[5] El *oficio parvo* o *pequeño oficio* de la Virgen es una práctica devocional a imitación del Oficio divino o la Liturgia de las Horas. Consiste en un conjunto de salmos, himnos y escrituras dedicadas a la Virgen María.

Imagen 7. *Primer escudo del Colegio del Salvador, tomado del lomo de un libro* (Fuente: Archivo del Colegio del Salvador): «consiste en una especie de manto regio en cuya parte más elevada y central aparece la cruz, del fondo del mismo manto o pabellón se destaca el escudo de la coronilla de Aragón que lleva las barras históricas».

que el pasado o por haber muchos pequeñuelos. El día 4 llegó a este Colegio el H. Domingo coadjutor[viii]. También se preparaban ya hacía algún tiempo los de la Primera Comunión.

—————

[viii] *Este hermano en su cargo de Procurador ha prestado al Colegio importantísimos servicios. Estaba con el P. Suárez cuando ocurrió el enojo de los zaragozanos por lo del sermón.*

Los Ejercicios acabaron el día 7 por la noche. Uno de estos días pasó de la Residencia para vivir en este Colegio el H. coadjutor Escorsell[6].

Día 8

Fiesta de la Inmaculada Concepción y de los que hacen la Primera Comunión. La función de la mañana celebróse con la mayor solemnidad y algo parecida al año pasado. Asistieron también los papás de los niños. Antes de ir a tomar el desayuno extraordinario que se les estaba preparando, los alumnos de la clase de Retórica declamaron algunas poesías que después dejaron colgadas de las colgaduras de seda que rodeaban el cuadro de la Purísima para este objeto: así estuvieron durante toda la octava pudiéndolas leer los que venían a visitas[7]. Por la tarde visitaron todos el Pilar y por la noche hubo bendición solemne del Santísimo.

Durante todos los días de este mes, en tiempo de recreo el profesor de Retórica ensayaba a los alumnos para las representaciones que debían tener lugar en las vacaciones de Navidad. Como recuerdo de la Primera Comunión, los que la recibieron, adquirieron en el mismo acto un hermoso libro ricamente encuadernado, titulado *Soliloquios del P. Villegas*, el cual libro tenía escrito con letras de oro sobre una de sus cubiertas lo siguiente: «Recuerdo de la primera comunión, Colegio del Salvador»[8].

Día 24

Comenzaron las vacaciones de Navidad, concluidos que fueron los exámenes del primer trimestre. Se dispuso que durante las

---

[6] Antonio Domingo-Miret, SJ (Montblanc, Tarragona, 1839 - Sarriá, Barcelona, 1902) ingresó en el noviciado en 1860. Santiago Escorsell, SJ (Manresa, 1845 - Valencia, 1918) ingresó en el noviciado en 1866.

[7] La *octava* son los ocho días siguientes a una fiesta (en este caso la de la Purísima), durante los cuales se hace celebración y recuerdo de la misma.

[8] Los *Soliloquios del alma con Dios* es una obra del jesuita Bernardino de Villegas (1592-1653).

vacaciones los alumnos que hubiesen obtenido notas superiores a *io*, o más baja, podrían repasar o estudiar lo que quisiesen,
y que los demás tendrían que estudiar la asignatura o asignaturas en las que hubiesen sacado tan bajas notas[9]. Esto último
solo pudo aplicarse a un alumno y en una sola asignatura y
tuvo buen resultado. Hoy, a las 10 de la mañana, hubo distribución solemne de premios y proclamación de dignidades. A
causa del poco local solo pudieron honrarnos algunas familias
con su presencia, aunque a nadie se había invitado por la misma razón. El acto comenzó con un himno que entonaron los
alumnos de música; luego, un discípulo de la clase de Retórica
pronunció un discurso sobre los caracteres siempre permanen-
tes de nuestra literatura patria, acabado el cual uno de los profesores fue nombrando por su orden a los colegiales premiados
y a los agraciados con diploma. Si los niños premiados tenían a
sus papás, parientes o encargados entre los de la concurrencia,
se les mandaba a los tales, para que estos tuviesen el placer
de colocar la cruz o galón sobre la solapa del chaqué del niño
premiado: de lo contrario, el mismo P. Superior lo hacía. Los
diplomas los recibían de mano de este. Por fin se repitió el himno de las dignidades y uno de los colegiales más pequeños dio
las gracias a los concurrentes con una graciosa poesía.

Día 25. La Natividad del Señor

A las 11 y ½ de la noche se levantó la comunidad y a las 12
comenzó la misa del gallo: fue muy solemne y, a pesar de la

---

[9]   Según los reglamentos de los colegios de la época, las notas se identifica-
ban con letras vocales. El significado de las mismas era más o menos el mismo
en todos los colegios, aunque con matices según las provincias. En nuestro caso,
según un reglamento de la época el significado de las calificaciones era el siguiente: *a* = muy bien; *ae* = casi muy bien; *e* = bien; *ei* = casi bien; *i* = medianamente;
io = casi mal; *o* = mal; *ou* = casi pésimamente; *u* = pésimamente. Como explica
M. Revuelta (1998, 433), «en los colegios de Aragón las notas se consideraban
buenas de la "e" para arriba. La "io" era una nota mala, que quitaba gracias, premios y distinciones». Como se puede ver en el propio *Diario* de Reverter.

lluvia, asistieron algunas familias. Cuando está el sacerdote al ofertorio, unos 15 colegiales vestidos de pastor, con su mayoral al frente, se acercaron al altar con sus ofrendas: corderitos, tórtolas, manteca etc., etc. Empezó el mayoral invitando a los pastores a [que] ofreciesen sus dones y adorasen al Niño de Belén; fueron presentándose de uno en uno y, diciendo algunos versos preparados al objeto, dejaban a los pies de Jesús sus ofrendas. Esto gustó mucho, como también los diversos cantos pastoriles que se entonaron antes de la misa, durante la misma y después.

A las 6 de la tarde dióse principio a la tertulia. El salón de estudios de la 2.ª división fue el local destinado para el teatro. Se utilizaron las decoraciones del antiguo teatrillo de que se habló al principio de estas efemérides y así se pudieron hacer mejor las representaciones. La primera noche se puso en escena la comedia pastoril en tres actos «Las montañas de Belén», que divirtió mucho a los niños. Lo mismo se repitió el día siguiente, precediéndola un Prólogo bufón, y en los entreactos se declamaron algunas composiciones al niño Jesús.

La víspera de los Santos Inocentes, después de la elección del rey, como se acostumbra, hubo sombras chinescas.

El día de Inocentes tuvimos campo, adonde acudieron los ciegos con sus guitarras y violines para festejar al rey inocente. Por la noche se representó un drama en dos actos y un entreacto titulado «Los Inocentes», después de lo cual se verificó la renuncia del rey de los Inocentes.

Día 1.º de enero de 1873

Fiesta del Salvador, tutelar del Colegio. Hubo primera clase y comunión general. Por la noche se repitió la tragedia de los Inocentes y una comedia semi-pantomima cuyo título era «el año nuevo y el viejo».

Día 2

Hubo *lectio brevis*. No pudo echarse la academia que los retóricos habían preparado, por razón de las cosas de nuestra patria[10]; así lo dispuso el R. P. Provincial.

Día 3

Empezamos el triduo para la renovación, nos daba los puntos el P. Pujol y el último día hizo la plática de comunidad el P. Superior.

Día 6

Fiesta de los Santos Reyes. Tuvo lugar la renovación de los votos.

Al empezar este segundo trimestre hubo una modificación en las clases de *Media*: en los exámenes de este trimestre (anterior) se había visto que adelantaban poco, lo cual podría atribuirse a que el H. Alberich estaba demasiado cargado con las clases de Matemáticas y con los accesorios del segundo año; así pues, el H. Fisas, inspector de la segunda división, tomó a su cargo la geografía, y el H. Masvidal la parte de Matemáticas e Historia pertenecientes a esta clase.

Día 30

Los alumnos del 4.º año tuvieron concertación de Retórica y de Geometría.

---

[10]   Eran tiempos de una gran inseguridad e incertidumbre política. Amadeo I renunciaría oficialmente al trono el 10 de febrero y el día 11 se proclamaría en España la I República, una efímera experiencia de dos años de gran inestabilidad. El primer año (1873) tomó la forma de una república federal, en la que se sucedieron cuatro presidentes y se produjo una sublevación cantonal. En enero de 1874 el general Pavía dio un golpe de estado y se impuso la forma de una república unitaria, dirigida por el general Serrano, que permanecería en el poder hasta el pronunciamiento del general Martínez Campos y la restauración de la monarquía borbónica en diciembre de 1874.

Día 2 de febrero

El hermano Balet hizo sus últimos votos[11].

Día 22

Tuvo lugar la concertación de los de Suprema.

Día 23

Las fiestas de Carnaval: de nuevo levantóse el teatro en el lugar ya indicado, pero con la notable adquisición de poderlo elevar sobre un tablado. A las 5 de la tarde fuimos a la capilla para la función de desagravios[12], a las 6 fue la cena e inmediatamente después el teatro. Una alegre estudiantina con sus chistosos cantos y recitados anunció al público las funciones que iban a representarse en las tres noches de Carnaval. Luego se representó una tragedia en tres actos titulada «Dominguito del Val», infante de la Seo de Zaragoza martirizado por los judíos en el reinado de Jaime 1.° de Aragón.

---

[11] El hermano coadjutor José Balet, SJ (Manresa, 1840 - Tortosa, 1920) había ingresado en el noviciado en 1862 y efectivamente hizo sus últimos votos en Zaragoza el 2 de febrero de 1873. Ese año estaba encargado de la enfermería, que fue su principal labor en todos sus años en el colegio, y era el prefecto de los fámulos. Con ocasión de su fallecimiento, Mariano Baselga hizo una semblanza en la revista *El Salvador*, en abril de 1921, del H. Balet: «aquel hombre más bien bajo que alto, de ancha frente, rostro pálido que rebosaba bondad y ternura, educado y cortés sin pretensiones, que antes de la comida y de la cena asomaba a la puerta de los salones de estudio con su delantal azul de dril que le protegía la sotana desde el cuello los pies, ya con la bandeja llena de vasitos que distribuía entre aquellos colegiales que, por prescripción facultativa, tomaban el aceite de hígado de bacalao, o ya el vino de quina...».

[12] La *función de desagravios* era un acto religioso, oración o práctica devocional para desagraviar o reparar las ofensas o los ultrajes hechos a N. S. Jesucristo. Era una práctica íntimamente ligada a la devoción al Sagrado Corazón de Jesús.

Día 24

Todo como el día anterior, y a la misma hora, hubo teatro y se puso en escena el pequeño drama en un acto «El puñal del godo», original de D. José Zorrilla, a lo cual siguió la comedia también en un acto «No más muchachos», de D. Bretón de los Herreros.

Día 25

Se repitió la tragedia del primer día precediéndola el canto de los arrieros. En los entreactos de las funciones de estos tres días hubo baile de chinos, ejecutado por los niños más pequeños del Colegio, con vestidos muy vistosos y acomodados, y otras graciosidades que se improvisaron para divertir a los alumnos.

Comenzada la Cuaresma, todo siguió según costumbre, a excepción de que los domingos por la tarde el P. Superior explicaba el catecismo a la 1.ª división y el P. Prefecto a la 2.ª durante media hora.

Empezábamos la segunda semana de Cuaresma cuando, sin dilación, el H. Gil, profesor de *Suprema*, fue enviado a Barcelona. El P. Prefecto se encargó de las latinidades y el H. Reverter de las historias universal y de España.

Día 18 de marzo

Los alumnos del 6.º año sufrieron el examen de Historia natural y Botánica, teniendo desde luego [que] comenzar a repasar las asignaturas del Bachillerato.

Día 22

Los discípulos de 2.º año tuvieron concertación, y el 29 la tuvieron en particular de Geografía.

Día 25

El señorito Cantín, alumno del 3.er año, corriendo en la casa de campo cayó sobre otro colegial, se rompió la pierna de este modo al parecer tan extraño y sencillo; muy pronto fue trasladado al Colegio con un coche, pudiéndose sin dilación proceder a la curación. El médico declaró que, aunque había verdadera rotura, era la menos grave en el género. Todos los días era visitado por sus papás, que tuvieron la ocasión de admirar el cuidado y caridad con que en el Colegio era tratado.

Día 4 de abril

Tuvieron principio los exámenes del segundo trimestre.

Semana Santa

El miércoles se efectuó la solemne distribución de premios, como se hizo al fin del primer trimestre; también hubo himnos y discurso pronunciado por un alumno de la clase de Retórica: sirvióle de argumento la importancia del estudio del Latín.

El jueves por la mañana fue el cumplimiento pascual. Todo el Colegio recibió la comunión de manos del P. Superior en la misa que este celebró. También se suministró la comunión al señorito Cantín, recibiéndola al mismo tiempo sus papás en la enfermería, lujosamente adornada para este fin. Como la enfermería comunica por medio de una doble puerta con la capilla, pudo hacerse inmediatamente después de haber recibido el pan eucarístico los colegiales. Por la tarde visitamos los monumentos por secciones, siendo permitido hacer algunas limosnas, todo lo cual se repitió el viernes por la mañana. Por la tarde del viernes tuvo lugar en la capilla la función de las tres horas de agonía, e inmediatamente después salimos a ver la procesión.

El día 3.º de Pascua hubo una espléndida merienda en la torre, a la cual solo asistieron los alumnos que habían obtenido en el mes anterior buenas notas; los demás se quedaron en el Colegio para estudiar, cumpliéndose exactamente lo que había prometido el P. Superior a su tiempo.

Día 16

Comenzaron de nuevo las clases, y en algunas se repartieron los programas para el último examen; no pudo hacerse en todas porque había clases todavía no preparadas para recibirlos: estas eran la clase de *Ínfima* y el primero de Matemáticas; por esto, la repartición no fue oficial. La causa de comenzar ya el repaso era el recelo que se tenía de que los exámenes se anticiparían.

Viendo los superiores el estado en que se encontraban los de *Ínfima*, buscaron un medio fácil y hasta plausible para dividirla en dos secciones; los niños más quietos y más adelantados quedáronse con el P. Roselló, su propio profesor, y los más traviesos y díscolos, en una ocasión oportuna, fueron expulsados de la clase. El P. Superior, después de afearles su mal comportamiento, los puso en manos de los inspectores. El H. Cherta se encargó del Latín y el H. Fisas de los accesorios.

Mes de mayo

El 30 de abril hízose la apertura de los ejercicios del mes de María. El día 1.º acudió ya mucha gente de fuera; llamaron mucho la atención cantos y el ejemplo que declamaba un colegial congregante todos los domingos y días festivos. El día último, que fue el 1.º de junio, día de Pentecostés, la función fue muy solemne: hubo diversidad de cantos y escogidos, el ejemplo muy acomodado, dándose fin a la solemnidad por el ofrecimiento de un corazón de plata que el presidente de la congregación suspen[de] del pecho de la imagen de María; al fin se declamaron algunas composiciones poéticas que contenían los sentimientos tan propios de un acto tan tierno. En el corazón de plata estaban encerrados los nombres de los alumnos que durante el mes de mayo habían sacado buenas notas.

Día 15 de mayo

Los de *Ínfima* tuvieron concertación; se permitió un desafío entre los que habían sido echados de la clase, como queda arriba declarado, y los que quedaron como aplicados en su propia clase. En el examen individual ya se vio que estaban mejor preparados los consabidos revoltosos y poco aplicados y así, en el desafío, estos vencieron de mucho, con gran deshonor de la clase.

Esto hizo tomar a los Superiores nuevas disposiciones sobre esta clase y, con la idea de dar unidad al conjunto de alumnos que tenían diversos profesores, el P. Prefecto les hacía clase a todos por la mañana de 7 a 8, y algún tiempo después también de 11 a 12 de la mañana, sin que por esto dejaran de asistir a sus clases respectivas.

Día 17

Los niños de Preparatoria tuvieron al fin también su concertación; lo hicieron muy bien, se desafiaron los dos partidos y hubo mucha gritería.

[Junio]

Entre los días 6, 7 y 9 se examinaron nuestros alumnos en el Instituto; habíamos previsto que los exámenes se adelantarían, ya habían tenido lugar los del Colegio por escrito, y los orales se efectuaron el 8 y 9.

En el Colegio todos quedaron con gloria a excepción de los alumnos del primer año de Matemáticas, ya sea porque no estarían bien preparados, ya porque tal vez se espantaron, ya porque este tribunal fue demasiado exigente, como aseguraron varios de fuera de casa que presenciaron los exámenes. Estos se hicieron en dos tiempos, porque el profesor que acompañaba a los niños se vio precisado a retirar los que menor confianza inspiraban. De los siete que se examinaron en el primer turno, fueron suspendidos tres; evidentemente, no hubieran sido los únicos si sufrieran entonces examen. Algunos días después, varias personas de la ciudad ofrecieron muchas garantías y nos animaron a presentar los antes retirados. Sin duda, el terreno estaba preparado pero no para todos, como lo mostró el resultado, pues quedaron aprobados los tres niños de la ciudad por los cuales habían intercedido sus papás; los otros dos fueron suspendidos.

Día 10: fue la salida, y el 12 quedaron solo en casa los cuatro pretendientes al Bachillerato. No se celebró el día de S. Luis, solo algunos alumnos comulgaron en la Torre.

Día 17: comenzamos el triduo de la renovación, que tuvo lugar el 20, fiesta del Sagrado Corazón de Jesús.

Días 19 y 20: se examinaron los Bachilleres y fueron aprobados; antes, sufrieron en el Colegio el examen de todo lo que debían dar prueba en el Instituto. También en casa se les dio diploma que testificaba sus estudios y conducta en el Colegio; llámanse estos: D. Juan de Torrens, D. Manuel de Torrens, D. Augusto Fábregues y D. José Miret.

El día 1.º **de julio** empezaron los profesores las vacaciones mayores en la Torre; no salimos de Zaragoza por razón de los tiempos.

El día **26 de agosto** salieron de este Colegio los HH. Profesores Masvidal y Alberich para Tolosa de Francia.

El **29** entramos en Ejercicios, que los dio el R. P. Pujol.

Día **3 de septiembre** llegaron a esta de Tolosa los HH. estudiantes Armengol, Piqué y Majó; el día siguiente nos vino de

Lérida el P. Soler José para Ministro de esta casa. El H. Gonzalvo coadjutor ya vino durante las vacaciones mayores para
sustituir al H. Gaya, que salió para Lérida algunos días antes[13].
Durante las vacaciones se hicieron algunas obras para transformar los aposentos de los profesores en clases y estas en aquellos. La capilla quedó también notablemente mejorada con el
precioso altar, de finísimas maderas compuesto, y con el desaho-
gado y espacioso nicho que para la Virgen se abrió. A ambos la-
dos de la puerta de entrada se practicaron otras puertas-tabiques
que se abrían para las funciones públicas. La parte de la enfermería adjunta a la capilla quedó separada por un tabique de aquella
y comunicada con esta; se llamó el oratorio de los congregantes,
donde se instaló un altar que, aunque no tan grande, no era de
menor calidad del ya indicado.

El **16 de septiembre** debía abrirse el Colegio como lo fija el
reglamento, pero difícil era, según lo revuelto de los tiempos,
poderlo ejecutar.

---

[13] De los tres «maestrillos» o escolares, José Armengol, SJ (Barcelona,
1849 - Tarazona, Zaragoza, 1885) ingresó en el noviciado en 1866; Antonio
Piqué. SJ (nacido en 1854), también ingresó en el noviciado en 1866, pero debió
de abandonar la Orden, pues el último catálogo en que aparece, en el colegio de
Valencia, es en el de 1882; e Ignacio Majó, SJ (Manresa, 1850 - 1932) ingresó
en el noviciado en 1865. El P. José M. Soler, SJ (Pau, Gerona, 1839 - Barcelona,
1921) ingresó en el noviciado en 1856 e hizo sus últimos votos en Zaragoza
(como cuenta Reverter más adelante) en 1874. Por último, el hermano coadjutor
Juan Gonzalvo, SJ (Torre de los Negros, Teruel, 1833 - Tortosa, 1908) ingresó en el noviciado en 1864. El hermano Antonio Gaya, SJ (Roquetas, Tortosa,
1834 - Valencia, 1896) también era coadjutor y llevaba empleado en el colegio
en tareas domésticas desde el curso 1871-1872.

JHS
Curso de 1873 a 1874

A pesar de lo que deseaban nuestros antagonistas, que propalaban que no abriríamos el curso, este comenzó en el día señalado por el reglamento. No era prudente ser demasiado exigentes en que todos los alumnos acudiesen con la acostumbrada puntualidad, por razón de los tiempos. El día 18 ya hubo *lectio brevis*, aunque los catalanes tardaron algunos días en aparecer, hasta que el H. Domingo les fue a buscar; quien, así mismo, les había acompañado a sus casas al concluir el curso pasado.

El *Status Domus* fue el siguiente: el R. P. Bofill, nuestro Superior, enseñaría Física; el P. Rosés, Prefecto, la Filosofía. El P. Roselló fue nombrado procurador y Padre espiritual de los alumnos, y el P. Soler, ministro de la casa, debía ocuparse en la clase *Media*. El H. Fisas sustituyó al H. Alberich en las Matemáticas, sin dejar la Geografía. El H. Piqué fue señalado profesor de Gramática, *Suprema* e Historia de España, el H. Maigí de *Ínfima* y el H. Majó de *Preparatoria*. El H. Reverter siguió enseñando Retórica e Historia universal. Fue Inspector de la primera inspección el H. Cherta, quien al mismo tiempo enseñaría Mecánica, y de la segunda el H. Armengol, ocupado también en enseñar los accesorios de la clase *Media*. Ayudaban a los inspectores y les suplían: el H. Reverter al H. Cherta, y el H. Majó al H. Armengol.

El curso había comenzado con poca seguridad de darle cima en paz; había fundamento para tener miedo; los republicanos exaltados estaban siempre a la mira, aunque el gobierno del Sr. Dulong[ix] aseguraba el orden[1]. A principios de julio, en una de las varias manifestaciones republicanas que hizo el pueblo zaragozano, al pasar por nuestra calle echó algunos *mueras* a los Jesuitas; se supo así mismo que algo semejante había acontecido en cierto sitio de la ciudad en donde se encontraban muchos artilleros, cuyo parque está frente a nuestro Colegio. Algún tanto se habló en la ciudad de nosotros con ocasión del extrañamiento de los nuestros de Salamanca[2]. Por parte del Señor General nada podíamos temer,

---

[ix] *Fue alcalde republicano de Zaragoza y hombre de mucha energía. Había estado confinado en Fernando Pó [sic] donde los nuestros le trataron con mucha caridad; pero después del 68 dice «que los nuestros de acá no son los de allá», a causa de los compromisos políticos que tiene dicho Sr. Dulong.*

[1]   Santiago Dulong Serrano (Zaragoza, 1830-1891), abogado, fue alcalde de Zaragoza durante la I República, hasta enero de 1874, fecha en la que fue detenido y destituido.

[2]   La proclamación de la República en febrero de 1873 azuzó en Salamanca el antijesuitismo reinante. Aunque era una obra diocesana, la Compañía de Jesús tenía una presencia muy importante en el seminario, donde vivía una nutrida comunidad de 73 jesuitas entre directivos, profesores, coadjutores y estudiantes de teología. Los primeros días de abril, grupos de republicanos visitaron el seminario, amenazando con quemarlo si no se desalojaba. Tras varios días de tensión los jesuitas tuvieron que abandonarlo el 8 de abril, martes santo. Los estudiantes partieron a Francia, pero los demás permanecieron en la ciudad, acogidos por familias amigas, y después del verano volvieron a instalarse en el seminario uno a uno, para no llamar la atención. Así se mantuvieron, en un tenso equilibrio y vigilados por las autoridades, que aprovechaban cualquier ocasión o pretexto para intentar un nuevo desalojo. Con la caída de la República, en enero de 1874, cambiaron las autoridades locales y parecía que iban a cambiar las tornas, pero nuevos cambios gubernativos desembocaron en una nueva expulsión el 4 de abril de 1874, amparándose en el Decreto de 12 de octubre de 1868 que, sin embargo, y afortunadamente, no se aplicó con el mismo rigor en el resto de España (M. Revuelta 1984, 372ss y 404ss). Las noticias sobre el extrañamiento de Salamanca suponían un ejemplo en otras ciudades (de ahí que, como dice Reverter, se hablara en Zaragoza del asunto) y una amenaza explícita para el resto de comunidades y obras jesuíticas. A ello hay que sumar las residencias que durante el año 1873 se autodisolvieron para evitar riesgos, como la de Graus, que se cerró en 1873 debido

pero su influjo y poder quedaron muy menoscabados luego que se armó a la numerosa milicia republicana.

Con frecuencia, algunas compañías de milicianos se reunían en nuestro espacioso patio de entrada y, alguna vez, con el objeto de deliberar sobre si irían contra los carlistas o se quedarían; gritaban, su jefe les arengaba, procuraba excitar en ellos el patriotismo harto muerto en la mayor parte, que eran padres de familia. Para poder subsistir en tanta efervescencia de pasiones, los superiores tomaron medidas enérgicas para que los zaragozanos se persuadiesen que nosotros estábamos sobre todos los partidos.

Luego que los carlistas tomaron algún incremento, y esto fue a mediados del curso pasado, los colegiales comenzaron a comunicarse las noticias que recibían en visitas; para no vernos comprometidos se les prohibió severamente hablar de política y se les tomó cuantas fotografías alusivas a los partidos poseían.

1.º de octubre

Comenzaron las clases de adorno; notaré algún cambio en el personal de los profesores: el H. Piqué sustituyó al H. Masvidal en la clase de Francés, esta clase fue considerada entre las de adorno y, por lo mismo, exenta de exámenes. D. Valentín Faura dejó su cargo y lo tomó D. Luis Novell[x], excelente pianista, natural de Lérida, el cual vivía en Zaragoza con su padre, el presbítero D. Antonio Novell, huidos de aquella ciudad, donde se les perseguía de muerte[3].

---

a las persecuciones, y el cierre de los colegios de Barcelona (San Gervasio), San Sebastián y Villalba. En Zaragoza, como se ve en el *Diario*, aunque las amenazas y los insultos eran frecuentes no pasaron a mayores e incluso las autoridades republicanas protegieron el edificio, pero el temor estaba fundado y «los jesuitas vivieron aquel año muy encerrados en su colegio» (M. Revuelta 1984, 392).

[x] *Murió pocos años después, siendo Presbítero.*

[3] El *Diccionario biográfico y bibliográfico de escritores y artistas catalanes del siglo XIX*, de Antonio Elías de Molins, publicado en Barcelona en 1889, dice de don Luis Novell: «Presbítero y licenciado en derecho civil y canónico. Organista y compositor. Murió en Zaragoza en 1877».

Día 3

Se abrió la academia de castellano, la única que hubo en este curso; asistían solos los congregantes y siguió presidiéndola el H. Reverter.

Día 4.º

Se instalaron hoy las bendiciones de los primeros viernes de mes; se celebraban con más solemnidad que en el curso anterior. El H. Cherta había formado entre los colegiales una congregación del S^{do} Corazón de Jesús, con su presidente, secretario, etc., etc., quienes tenían a su cargo repartir al fin del mes los oficios entre los asociados. Era una congregación bastante modesta, porque la principal y más formal era la de S. Luis. La existencia de aquella se daba a conocer por las velas que ardían ante los cuadros de los Sagrados Corazones de Jesús y María todos los viernes, sábados y domingos y, principalmente, en los viernes primeros de cada mes en la bendición, cuando al fin de ella se publicaban las oraciones y actos de virtud que durante aquel mes se habían hecho en honor del S^{do} Corazón.

Día 9

Llegó a esta Capital D. Narciso Masvidal; el R. P. Provincial, unos días antes, nos escribió su lamentable caída, indicándonos que venía a Zaragoza. Hoy desde la fonda envió una esquela al P. Superior anunciando su llegada y haber ya roto los lazos que antes le unían a nosotros[xi]. Visitó a varias de las familias de los colegiales, pero en general le recibieron fríamente; buscaba alguna colocación y, no pudiéndola encontrar, como vio fallidas sus esperanzas, el día 13 se fue a Barcelona.

[xi] *Salió de la Compañía, a pesar de los esfuerzos y caridad de los Superiores por evitarle tan terrible paso.*

Día 10

El R. P. Suárez fue traído preso a esta ciudad desde Tudela, donde le echaron mano. Apenas llegado a la cárcel de esta escribió una carta a los nuestros, diciendo que se encontraba aprisionado sin saber el motivo de ello. A altas horas de la noche le sorprendieron los agentes del gobierno en su casa y ni tiempo le dieron para rehacerse del susto. Este buen padre es muy conocido en esta capital en donde, aunque cuenta muchos verdaderos amigos, no son en menor número los enemigos. El pueblo tenía las armas, y lo que más convenía era sacarle de esta ciudad, pues ya se propalaba su encarcelamiento, se suscitaban los antiguos odios y hasta el diario (el Correo de Aragón) gritaba por las calles «La prisión del Padre Suárez». Por fortuna, el día siguiente por la mañana, gracias a que así nos consoló el Señor por medio de personas influyentes y afectas a la Compañía, el P. Suárez pudo salir de Zaragoza para Santander. Se pudo aún conseguir que permaneciese en esta ciudad de Santander y en tanto pudo alcanzarse que no fuese embarcado para Ultramar fue llamado a Madrid, donde adquirió la libertad.

Día 12 de octubre

La fiesta del Pilar se celebró en el Colegio como en los años anteriores; los colegiales fueron a ver las procesiones de las casas particulares. En una de estas, durante el espacio de tiempo que suele mediar entre la procesión y la procesión-rosario, se improvisó un baile de salón; habían concurrido varias señoritas y puede fácilmente conjeturarse el triste papel que le fue indispensable hacer ante gente tan distraída el Sr. Inspector con su división. Este, con su retraimiento y grave continente, indirectamente dio una buena lección a aquella familia que, por otra parte, quizás más faltaría a la virtud de la prudencia que a otra cosa.

Los niños no vieron este año los fuegos artificiales; quizás lo que acabo de contar lo motivó, aunque bien se deja ver que en tiempos tan excepcionales no era muy prudente andar de noche por las calles con las divisiones.

Día 21

En Zaragoza cundía el pánico que infundían los intransigentes. Por este tiempo supimos que nuestro Colegio estaba señalado para ser incendiado. Hubo algunos asesinatos ocasionados por odios personales.

Por este tiempo los nuestros de Orihuela fueron sacados de su casa y llevados presos a (¿Murcia?) lo mismo aconteció a los de la residencia de Lérida algún tiempo después. Para favorecer a los primeros, luego que se supo en esta su prisión, el P. Pujol, superior de la residencia, salió para Madrid; de esto y de otras medidas que tomaron personas afectas a nuestra Compañía, resultó que los nuestros no fueran enviados a Ultramar, como pretendía el gobierno[4]. Los Padres Olcina y Bataller de Lérida, después de haber sufrido bastante en las cárceles de aquella ciudad fueron trasladados a Madrid, donde recibieron la libertad merecida a su inocencia, aunque tuvieron que agradecerla a una persona que por ellos se interesó[(xii)-5]. Antes de lograr tan

---

[4]   El 15 de noviembre de 1873, a la una y media de la noche, el alcalde de Orihuela se presentó en el colegio de la Compañía de esa ciudad con un grupo de soldados y ordenó la salida inmediata de los jesuitas, acusándoles de favorecer al partido carlista. Los jesuitas fueron conducidos a Murcia y en el colegio solo quedaron algunos coadjutores al cargo de los escolares. La movilización de las familias oriolanas y del obispo obligó al gobernador civil a investigar el suceso, se nombró nuevo Ayuntamiento y las nuevas autoridades pidieron a los jesuitas que retornasen a la ciudad. El 25 de noviembre volvieron a Orihuela y el colegio se abrió de nuevo (M. Revuelta 1984, 397ss). Véase un relato detallado de los hechos en F. Lasala Claver (1992, 95-101).

[(xii)] *Trabajó mucho en favor de los Padres D. Juan Comes, Provisor que fue después del Obispo de Córdoba, D. Ceferino González, y ahora Arcipreste de Tarragona. Dio quinientos duros para el Colegio nuevo. Es natural de Manresa.*

[5]   Juan Bautista Olcina, SJ (Alcoy, Alicante, 1832 - Tarragona, 1901) ingresó en el noviciado en 1870; y Antonio Bataller, SJ (Aspa, Lérida, 1818 - Lérida,

felices resultados, tuvimos que celebrar el día del Santo patrón del Sr. Director.

23

Este año fue domingo y el acto con que es costumbre felicitar al Sr. Director tuvo lugar la víspera, ayer 22. Para esto, la Academia celebró un acto extraordinario lírico-literario dedicado al R. P. Superior. El asunto sobre que versó la Academia fue «el Papado en este siglo». Comenzóse la función por una melodía de piano y armonium ejecutada por el P. Rosés y el profesor de piano. Para celebrar la dicha del África al poder entrar en ella misioneros en tiempo del Papa Gregorio XVI, se cantó el himno del Neófito, melodía de Schubert. Cuando vino el momento en que los poetas habían de cantar la gloria de Pío nono al volver a Roma desde Gaeta, donde se refugiara[6], se entonó el tan aplaudido ¡Hurra!, música del P. Rosés, compuesta para este acto. Continuaron los académicos celebrando las hazañas de nuestro Santo Padre Pío nono y al felicitarle por su vigésimo quinto aniversario de su ascensión al Pontificado, una voz angelical acompañada del piano

---

1879) ingresó en el noviciado en 1847. Ambos estaban destinados en la residencia de Lérida, que fue cercada por soldados el 18 de noviembre de 1873 y tuvo que ser abandonada. Según Manuel Revuelta (1984, 395), que cita las Cartas anuales de la provincia, los encarcelados fueron el P. Antonio Ballester, ese mismo día, y el P. Nicolás Serra, unos días después. Trasladados a Madrid, pasaron varios días de cárcel hasta su liberación, gracias a las gestiones de algunos amigos, pero no volvieron inmediatamente a Lérida «porque el gobernador era acérrimo enemigo de los jesuitas». Lo hicieron en abril de 1874. Por las mismas fechas en las que se apresó a los jesuitas leridanos, se intentó hacer lo mismo en Jávea, aunque sin éxito, afortunadamente. Don Juan Comes, a quien Reverter menciona como el intercesor en este caso, parece ser Juan Comes y Vidal (1844-1906), que fue luego obispo de Menorca (1890-1896) y de Teruel (1896-1906).

　　6　El papa Pío IX sucedió en el papado a Gregorio XVI en 1846 y permaneció al frente de la Iglesia católica hasta 1878. En 1849, con la proclamación de la república en Roma, tuvo que huir de Roma disfrazado de monje y se refugió durante unos meses en Gaeta, en el Reino de las dos Sicilias.

cantó una barcarola de Schubert con letra que celebraba las Nupcias de oro [*sic*] del gran Piloto.

Los alumnos habían querido ofrecer a su bondadoso Director un precioso armonium que hubiera dado gran realce a la felicitación, en la cual, como se ha podido notar, tenía una buena parte la música, pero tuvo que ejecutarse con el armonium muy mediano que ya teníamos, porque ni en Barcelona ni en Madrid se encontró tal cual se buscaba. Era dificilísimo hacerlo venir de extranjero, y su precio se invirtió en un buen copón de plata. El Padre Superior, para recuerdo de aquel día, dio a cada niño una pequeña fotografía de plata del Pilar. Acompañaron al R. P. Bofill en el acto algunas personas de fuera de casa, entre ellas el Sr. Director del Instituto de esta capital, D. Mariano Ena[7]. El todo de la función estuvo divino; el Señor secundó admirablemente nuestros esfuerzos, porque eso y nada menos era necesario en tiempos de tanta tribulación para nosotros.

Avisados como estábamos, por la prisión de nuestros hermanos en otros puntos, hicimos preparativos, teniendo por seguro de que todo obedecía a una orden secreta del gobierno. Mientras tanto, los PP. Soler y Roselló dormían todas las noches fuera del Colegio, porque en caso de ser aprisionados o tenerse que esconder el R. P. Superior y el P. Prefecto, ellos pudiesen dirigirnos en circunstancias tan difíciles. Además, para mayor prevención se hizo una escritura en la que constaba cómo D. Clemente Bofill, ya de mucho tiempo antes, había cedido el gobierno del Colegio y el mismo establecimiento al director del Colegio de S. Miguel de esta ciudad, teniendo que retener por dos años el personal que el mismo encontraba al tomar posesión de él.

Estas medidas previsoras iban acompañadas de otras, no menos prudentes. Se tuvo noticia muy a tiempo de que el gobierno

---

[7]   Mariano de Ena y Villava, doctor en Derecho y en Filosofía y Letras, fue catedrático de la Universidad de Huesca y del Instituto universitario de Zaragoza, del que fue director desde 1858 hasta 1889, año de su fallecimiento.

pedía al Sr. Gobernador de esta los nombres de los Jesuitas que moraban en Zaragoza[xiii]-8. Hubo quien[xiv]-9 se interesase por la suerte de este Colegio e hizo entender al Sr. Gobernador que aquí no había más que un exjesuita (D. Clemente Bofill) dirigiendo un Colegio, al frente de otros señores seglares. Tal fue la contestación que se dio a Madrid; así lo aseguró el Sr. Gobernador, quien, por tercera persona, prometió, en cuanto de él dependiera, que nadie nos molestaría, puesto que solo se trataba de los Jesuitas. Llegó a manifestar deseos de hacernos una visita; para corresponder a tan distinguido honor, preparábamos algo para recibirle, al menos con alguna distinción; no fue necesario porque no tardó en caer de su alto puesto[9].

La vuelta de los nuestros a Orihuela nos prometió alguna seguridad, garantizada además por la influencia de una persona íntima del Sr. Ministro que tomaba medidas tan enérgicas contra los Jesuitas[10]. La siguiente carta que escribió el S. D. Juan

---

[xiii] *Esto sucedió así. No habiendo llegado periódicos, mandó el P. Rector fuesen a comprar uno. El H. Domingo solo encontró un n° del Imparcial en que decía que el gobierno iba a proceder contra ciertos eclesiásticos. Sospechó el P. Rector que éramos estos, los de la Compañía. Pidió a D. Alberto [Urriés] que fuese inmediatamente al Gobierno Civil, y en efecto, allí había orden de preparar nuestra expulsión.*

[xiv] *D. Alberto Urriés que en esta ocasión nos salvó.*

[8] Alberto Urriés y Bucarelli (1808-1874). Político aragonés, nacido en Zaragoza. Pertenecía a la casa de los marqueses de Ayerbe. Ingresó en las filas carlistas y al terminar la primera guerra tuvo que emigrar a Francia, donde permaneció más de quince años. Vuelto a Zaragoza, fue presidente de la Real Sociedad Económica Aragonesa de Amigos del País y fue uno de los promotores y organizadores la Exposición Aragonesa de 1868.

[9] En aquel tiempo, fueron gobernadores civiles de Zaragoza, por la alternancia entre conservadores y liberales, Salustio Víctor Alvarado, cuya dimisión aceptó el Gobierno de la República el 31 de enero de 1874 (según la *Gaceta de Madrid* de 1 de febrero), Primitivo Sereñá, que lo sustituye, y Pedro Agustín Herrero, a quien se nombra el 7 de noviembre (*Gaceta de Madrid* de 8 de noviembre).

[10] El último día anotado por Reverter ha sido el 23 de octubre, pero la vuelta a Orihuela se produjo el 25 de noviembre. En ocasiones Reverter va

Brull al dicho ministro dará a conocer nuestra situación y por esto la pongo a continuación.

«Ya que es tan bueno para conmigo, perdone Vd. que hasta por esto mismo abuse de su bondad, permitiéndome la confianza de recomendarle de todas veras el excelente Colegio de 2.ª enseñanza que tenemos la fortuna de verse establecido con el mejor éxito en esta ciudad por un Rᵈᵒ P. Exjesuita, tan ajeno al menos en esta parte a la respetabilísima Compañía de Jesús que todos los profesores son seglares. La circunstancia de existir en el Colegio un ahijado mío que saqué de pila, por ser uno de mis antiguos y mejores amigos, me ha proporcionado la satisfacción de conocer este utilísimo establecimiento de enseñanza y por lo tanto, personalmente, a su dignísimo Director, que a la verdad parece haber nacido especialmente para ello. Porque francamente declaro a Vd. es de utilísimo resultado una persona tan a propósito en todos conceptos, pues a su figura la más agradable, y a su expresión, la más dulce, reúne el grave aspecto de un respetable sacerdote, que inspira tanta confianza como veneración, y por todo esto, como por su grandísima ilustración, ha instituido un Colegio que en verdad puede servir de modelo en su clase y condición. Intencionalmente me detengo en estas explicaciones porque, si no estoy mal informado, no sé si por el ministerio, digno cargo de Vd., o por el de Gobernación, de suprimir o dificultar la existencia de todo Colegio de 1.ª y de 2.ª enseñanza jesuita, y por todo esto sentiría infinito, como creo lo sentirá la inmensa mayoría de la gente sensata de esta población, que por cualquiera equivocada suposición o cavilosidad se privase a la misma de los beneficios del utilísimo servicio de este bonísimo Colegio que es hasta muy económico, relativamente a la enseñanza y excelente educación que en él recibe la juventud estudiosa, y por ello me permito recomendarlo a la consideración de Vd. etc., etc.».

---

relatando los acontecimientos que se suceden esos meses en el colegio sin consignar expresamente las fechas.

Tal fue la carta de recomendación que recibió el Sr. ministro, que acababa de decir que conocía muy bien los *nidos jesuíticos*.

Entre tanta incertidumbre del porvenir de este Colegio, cayó enfermo el P. Prefecto Rosés, del todo postrado en el lecho a causa de unas fuertes calenturas reumáticas, y algún tiempo más tarde, el 15 de diciembre, enfermó también el H. Cherta, inspector de la primera división. Al P. Rosés, en el cargo de prefecto le sustituyó el P. Ministro, y al H. Cherta, en el de inspector, el H. Reverter con la ayuda del H. Piqué.

La enfermedad del H. Cherta fue declarada contagiosa por una consulta de médicos que para el caso se tuvo. Estos dudaban en si sería sarampión o viruela; al fin pareció inclinarse todos a lo primero; de todos modos la situación nuestra era grave, pues precisamente esta es enfermedad propia de niños. Se había intentado sacar al enfermo de casa y se pensó en la residencia, aunque en ella no vivían los PP. Con todo el R. P. Superior declaró a los médicos que, en caso de haber el menor peligro en la traslación del enfermo, él estaba dispuesto hasta a cerrar el establecimiento antes que exponerse a un triste resultado. No negaron que el peligro existía y exigieron se trasladase al H. al aposento más apartado que no tuviese la menor comunicación con los departamentos de los colegiales. Así se efectuó, y el H. Balet, enfermero, dejó de serlo de los niños por entonces. El R. P. Superior prohibió por orden de santa obediencia a los nuestros el hablar a los niños ni a nadie de los de fuera sobre la enfermedad del H. Cherta.

Seguía el P. Rosés cada vez peor en sus acerbísimos dolores, no teniendo la menor parte de su cuerpo libre de ellos, dándonos con todo admirables ejemplos de paciencia y resignación. Los colegiales ofrecían por su interesante [*sic*] salud coronas y comuniones para que se la concediese el Señor[11].

---

[11] «Coronas», léase: «rosarios».

El **día 24**, después de acabados los exámenes, hubo la distribución solemne de premios.

Hechos los exámenes de trimestre con bastante satisfacción, llegamos a navidades con todos los temores y trabajillos de [*léase:* que] Dios nos enviaba. La Nochebuena se celebró como el año anterior, la adoración de los pastores se hizo con mayor solemnidad: eran más en número, bien vestidos, algunos llevaban trajes del teatro y antes de que cada uno ofreciese su ofrenda, tres de ellos agasajaron al Niño Dios con una tiernísima égloga que para este fin se compuso.

Se dispuso el Nacimiento en la misma capilla y en el salón de visitas se levantó el teatro, que ya sirvió para la solemne distribución de premios de trimestre el 24.

Celebróse función de teatro el segundo día de Navidad: se puso en escena el Auto dedicado al nacimiento de N. S. J. C., obra del siglo XVI de autor ignorado muy recomendado por toda la prensa. El profesor de Retórica lo modificó para poderlo representar los niños y pudo así servir la música que le acompañaba. Gustó muchísimo, todo fue brillantísimo, aunque hubo mucho que desear en cuanto a la música, debido a la enfermedad del P. Rosés. Para esta función los papás de los niños que tenían papeles en ella les procuraron trajes acomodados[12].

La víspera de los Inocentes comenzamos el triduo para la renovación de los votos, ignorando si lo concluiríamos en paz y juntos.

El día de Inocentes hubo teatro en que se representó con todo aparato escénico y solemnidad una tragedia de los Inocentes. No se proclamó rey de Inocentes sino por la tarde, sin ceremonias y ruido, atendidas las circunstancias de la enfermedad del P. Prefecto, [y] abdicó al cabo de pocas horas. El H. Cherta ya comenzó a dejarse ver convaleciente, pero nadie sabía de

---

[12] Tachados en el original.

qué enfermedad, aunque ya ahora teníamos a dos niños en sarampión separados de los demás en nuestros aposentos.
El día que vino después de Inocentes se deshizo el teatro, como también el Nacimiento de la capilla; la tempestad arreciaba; y el P. Rector dispuso renovación para la Circuncisión en vez de Reyes.
El día de la Circuncisión del Señor renovamos nuestros votos. Hoy el P. Roselló salió para su pueblo.

Vino el **dos de enero** del año nuevo de 1874 y se divulgó la caída de Castelar; los milicianos, al verse obligados a entregar las armas, ocuparon las mejores posiciones de la ciudad y la tropa procuró hacer lo mismo[13].

La noche del tres nuestro Colegio fue ocupado por la guardia civil a petición del Rector[xv]. En los balcones que dan a la plaza se situaron centinelas, como también en la galería del patio. Para esto fue indispensable correr varias camas de los niños hacia un lado, ocupándolas estos: acto que ejecutaron los profesores con el mismo R. P. Superior y P. Ministro y Vice-prefecto con todo orden, tanto que apenas los niños lo apercibieron. Aunque la guardia civil ocupaba un extremo de este salón, los profesores con el Sr. Director no abandonaron dicho lugar para que en caso de tener que hacerse fuego, al verlos, los niños entre ellos no tuviesen miedo y pudiesen levantarse sin desorden. Estaban los lechos de tal modo situados

---

[13] El 4 de enero Zaragoza fue escenario de barricadas y violentos combates entre los voluntarios de la República y las tropas gubernamentales, que no solo produjeron cuantiosos daños materiales, sino incluso vidas humanas (I. García de Paso, 2021).

[xv] *La Providencia del Señor fue en esta ocasión, como en otras muchas, singularísima. En el momento en que entraba la Guardia Civil en el patio del Colegio, llamaron, o dos o tres minutos después, los republicanos que iban también a posesionarse del Colegio para poder posesionarse del parque de artillería. Viendo que la Guardia Civil abría la puerta, se retiraron.*

que ninguna bala, aunque perdida, podía llegarles. Esta noche, gracias al Señor, no se oyeron sino algunas descargas lejanas. Apenas amaneció, salieron algunos colegiales y durante toda la mañana nos sacaron a una mitad de los que teníamos. Toda la tarde hubo fuego graneado en varios puntos de la ciudad, no llegó a nuestra calle, aunque, de las alturas del Colegio, los guardias civiles disparaban sus fusiles hacia las torres más cercanas ocupadas por los milicianos. Al caer de la tarde estos ya tuvieron que rendirse[xvi]. El día siguiente que esto sucedió era la víspera de Reyes; así, hasta después de esta fiesta no fue posible ver reunidos a todos los alumnos.

Como quedaron en el poder los militares, cesó nuestro peligro próximo y parece que ya podíamos respirar.

Durante este curso el Señor no se olvidaba de visitarnos a menudo, con lo cual nos sobrevinieron otros trabajitos que, aunque de distinto género de los anteriores, no eran menos apremiantes que los hasta ahora sufridos.

Sanos ya uno, dos y un tercer niño de sarampión, cayeron cuatro nuevos y a la vez; esto alarmó al médico y, en vista de sus consejos y exigencias, tuvo que avisarse a las familias el peligro, aunque advirtiendo las precauciones oportunas que se habían tomado para evitarle. El facultativo juzgó conveniente privar a los colegiales de toda comida de tocino, leche y de cuanto fuere extraordinario. El dormitorio de los pequeños del segundo piso sirvió de enfermería, por ser fácil separarlo de lo restante del Colegio, como se hizo. El médico juzgó sería suficiente, para evitar la propagación de la enfermedad, que durante la noche no quedaran sino la mitad de los niños en el establecimiento; por lo cual, aunque se dio libertad a los papás para llevarse sus niños consigo, con todo solo dos usaron de ella, contra el sentido común de los restantes de la ciudad, que al anochecer se llevaban

---

[xvi] *Hubo en Zaragoza escenas sangrientas y espantosas. Despujol, antiguo alumno de la Compañía, era jefe de Estado Mayor* [Tachado en el original, NdE].

sus hijos o encargados y por la mañana los acompañaban al Colegio antes de abrirse las clases, que ningún día cesaron. Así resultó que de cien colegiales que contaba el Colegio, unos cincuenta o más dormían en él. Otro medio se tomó, además, para que no se generalizase el mal y fue que, durante este periodo, a los niños que se sentían o resfriados, con tos o con calentura eruptiva, a juicio del médico iban a pasar unos ocho días en su casa, donde dos o tres se vieron atacados del sarampión. Los cuatro o cinco que lo tuvieron en casa sufrieron el benigno, solo uno de ellos infundió serios temores porque se le complicó la enfermedad con ataque cerebral. El médico le desahució, y el no haber sucumbido fue sobremanera providencial. Nuestros antagonistas exageraban nuestra situación, fantaseando recoger el fruto de su propaganda. Difícilmente se encontrará una ciudad que, contando tanto número de ciudadanos, esté dotada de un espíritu tan comunicativo como Zaragoza. [A] Uno de los papás en el tren le dijeron que en esa existía un colegio completamente apestado, que en él tenían su asiento todas las enfermedades y que iba a disolverse como por encanto. ¿Cuál fue su sorpresa al visitarnos y saber que, en resultado, teníamos cuatro niños enfermos entre los ciento de que constaba la comunidad de alumnos, cuando era notorio que en muchas casas particulares había hasta tres niños con sarampión? Con este miedo que se había apoderado de todos, quizás se hubiera tenido que cerrar el establecimiento si hubiese muerto un niño. Uno, como indiqué, llegó a las puertas de la muerte, pero el Señor nos consoló con su mejoramiento, debido a lo que yo me complazco en llamar milagro. El señor médico D. Genaro Casas[14], que se interesó siempre mucho por el Colegio, la noche más crítica que tuvo el niño Juan[15] Hernández, estuvo durante tres horas junto a su lecho; el enfermo empeoraba

---

[14] Genaro Casas y Sesé (Yebra de Basa, Huesca, 1820 - Zaragoza, 1886) fue un médico, académico y político español. Profesor de Clínica médica, entre sus alumnos figura Santiago Ramón y Cajal.
[15] El nombre del niño es un añadido posterior a la primera redacción.

y confirmábase el facultativo en sus fundados temores; el R. P. Superior, con todo, esperaba salvarle por la mediación del B[to] Berchmans, cuya reliquia había colocado debajo de la almohada del doliente[16]. La familia del niño, muy cristiana, tenía la misma fe y en su anhelo decían que «desde que se le había aplicado el *sagrado misterio* el niño se encontraba más aliviado». No lo pensaba así el médico, quien al volver a ver a la mamá del enfermito le dijo que se había figurado que no hubiera visto vivo a su hijo. Después supimos que esta señora, al volver por la mañana al Colegio, encontró una joven conocida suya dirigiéndose al templo: Esta jovencita tenía vocación religiosa, pero como era pobre le faltaba la dote. La mamá del niño enfermo le contó la pena que la afligía, a lo que respondió la devota doncella: «voy a comulgar y ofreceré la comunión por el hijo de Vd.»; «pues bien –le repuso la afligida y agradecida madre– si mi niño sana yo te pago la dote para que puedas ver cumplidos tus santos deseos». El hijo sanó y ya se confunde con los demás colegiales, con lo cual el Señor tiene una esposa que le consagre del todo su corazón. Además de este bien y los que nosotros ignoramos, sacó el Señor otros bienes palpables. La gente tuvo ocasión de reconocer, una vez más, nuestro franco y desinteresado proceder en avisar tan a tiempo el peligro de la enfermedad; se hacían lenguas alabando la solicitud, buen servicio y caridad de los nuestros para con los enfermos, y nosotros fácilmente pudimos entender quiénes eran nuestros verdaderos amigos y cuáles eran mercenarios de quienes poca o ninguna protección era prudente esperar. El 31 de enero hubo campo y los niños ya se quedaron en casa.

---

[16] El jesuita Juan Berchmans, SJ (1599-1621) había sido beatificado hacía pocos años, en 1865, por el papa Pío IX, y sería canonizado unos años más tarde, en 1888, por el papa León XIII. Juan Berchmans ingresó en el noviciado en 1616 y falleció en Roma a los 22 años, de una enfermedad pulmonar.

Día 2 de febrero

En este solemne día hicieron la profesión solemne de cuatro votos los PP. Soler y Barrio, aquel ministro del Colegio y este residente en Zaragoza; tuvo lugar en nuestra capilla, aunque los
recibió el R. P. Pujol, superior de la Residencia[17]. Toda la fiesta se
celebró en el Colegio, aunque nada apercibieron los colegiales.
Nos acompañaron a la mesa, además de todos los PP. y HH. de
la Residencia, el P. Bataller, poco ha quedado libre de la prisión
y estaba aquí de paso para volver a Lérida[18]; también asistieron D. Antonio Novell y su hijo, que fueron los testigos de las
Profesiones. Después de la comida, en el café, los HH. maestros felicitaron a los nuevos PP. Profesos con algunas poesías. El
P. Prefecto, aunque no del todo restablecido, pudo asistir a esta
reunión de familia.

Día 12 de febrero

Tuvieron concertación los alumnos de Retórica; fue algo notable en este acto la composición que leyó el mejor alumno de
esta asignatura, y fue una arte poética que él mismo compuso,
imitación de la de Martínez de la Rosa.

Día 15. Fiestas de Carnaval

En estos días se omitieron las funciones teatrales de costumbre,
no convenía que los colegiales se distrajesen demasiado, harto
lo hicieron algunos merced a los acontecimientos anteriores.
 Las funciones de capilla fueron muy solemnes. Como el día
de la Purificación había habido comunión general, el primer
día de Carnaval la hubo libre, aunque nadie dejó de comulgar.
Por la tarde, en los tres días, se exponía el Santísimo a las 6
y ½, y hasta las 7 los colegiales por turno hacían la vela en [la

---

[17] «Los recibió», léase: «recibió los votos».
[18] El tachado en el original; y la palabra «quedado» se añadió posteriormente.

que] comenzaba a cantarse el Trisagio, al cual seguía alguna *Ave María* clásica y, por fin, un solemne *Tantum Ergo* con la bendición.

28 de febrero

Los discípulos del segundo año de Matemáticas celebraron una concertación. Es digno de mención un acalorado desafío en que dos de los más aventajados alumnos se empeñaron en ganar la dignidad de príncipe de esta clase al que la poseía; los tres dieron muestras de que poseían [la] asignatura más que medianamente, aunque los agresores no pudieron derrocar al que tan tenazmente se defendió.

1 de marzo

Los colegiales durante la misa celebraron el Mes de S. José y al fin de ella se cantaba todos los días un himno original del P. Rosés, el cual cambiaba los días de fiesta siendo también composición del mismo.

Día 18 de marzo

La República, diario de la tarde de esta ciudad, decía hoy en uno de sus sueltos «que había héroes liberales que por una extraña anomalía no dudaban colocar a sus hijos en establecimientos dirigidos por clérigos, donde se aprendía el absolutismo más absurdo»: alusión bien manifiesta a las recientes hazañas del Brigadier Despujols contra los Carlistas en el Bajo Aragón, cuyo señor tenía un hijo en el Colegio[19]. Decía más el folletín: «que muchas personas que se gloriaban de ser liberales frecuentaban demasiado el Colegio»; concluyendo con la siguiente frase declamatoria: «¿Es posible que habiendo

---

[19] Probablemente se trata de Eulogio Despujol y Dusay, conde de Caspe (Barcelona, 1834 - Ribarroja, Valencia, 1907).

Carlos III expulsado por un decreto a los Jesuitas de España, suframos nosotros que así se establezcan en Zaragoza?». Esta es la primera vez que un periódico de esta capital hablaba contra nosotros; el R. P. Superior hizo saber a los directores de los diarios de Zaragoza y de Avisos, que querían responder a estas invectivas, les hizo saber, digo, que a nosotros nos convenía en silencio.

Día 19 de marzo

Fiesta de S. José: por la mañana, en obsequio del S^{to} Patriarca, hubo comunión general y, por la tarde, una bendición solemnísima en que se cantó el célebre *Filius accrecens Joseph*[20] del P. Rosés; a esta función asistieron algunas familias.

Día 20 de marzo

Los colegiales S^{itos} Valenzuela Enrique y Nogueras Mariano, después de sufrir un examen de Filosofía y Física, comenzaron a repasar las asignaturas todas de segunda enseñanza para el Bachillerato.

Día 27 de marzo

Tuvo lugar la concertación del segundo año de Matemáticas sirviendo de examen, al mismo tiempo, para el segundo trimestre; los exámenes de las demás asignaturas fueron a continuación. Todos dieron buena cuenta de sí habiendo todas las clases concluido la materia de todo el curso, y así pudieron ocuparse en repasos durante todo el tercer trimestre.

---

[20] Las palabras «*Filius accrecens Ioseph*», que dan título al himno litúrgico, están tomadas del libro del Génesis (Gn 49,22) alusivas al penúltimo hijo de Jacob y aquí se aplican a san José.

1 de abril

Se hizo la solemne distribución de premios de trimestre. Dióse principio a la función por una melodía de piano y armonium ejecutada por D. Luis Novell, profesor de piano, y por el P. Prefecto; luego el alumno de Retórica D. Miguel García leyó un discurso original suyo sobre las ventajas que lleva, en las bellas artes, la imitación de lo ideal sobre la imitación servil; después [de] nombrados los alumnos premiados y repartidos los diplomas se entonó un hermoso himno de Mercadante[21].

En este acto los emperadores o príncipes de las clases ciñeron[22] la faja blanca de seda con franja de oro por primera vez.

26. Jueves Santo

Por la mañana, en la misa que celebró el R. P. Superior, todos los del Colegio cumplieron con el precepto pascual; por la tarde se visitaron los monumentos, con el mismo orden y forma de los otros años, solo que hoy aparecieron fuera del Colegio los niños con el uniforme nuevo. Todos iban con su chaqué y pantalón castaño con galones de oro, chaleco de piqué blanco, sombrerito negro con el escudo del Colegio al lado derecho en forma de escarapela, llevando además guante blanco de cabritilla. Añádese que los brigadieres de las divisiones llevaban su faja encarnada con franja de oro y los emperadores y príncipes la suya blanca de seda; sin esto[23], los alumnos premiados llevaban sus cruces de oro o de plata colgadas de la solapa del chaqué.

27. Viernes Santo

Por la tarde celebramos las tres horas de Agonía con mucha solemnidad y concurrencia de los conocidos. Después de cada

---

[21] Saverio Mercadante (1795-1870) era un músico napolitano de la época, compositor de ópera.

[22] La palabra «ciñeron» es un añadido posterior.

[23] «Sin esto», léase: «con todo» o «además de esto».

Palabra se entonaba algún cántico relativo a ella, y después de todas se cantó el piadosísimo *Miserere* del P. Rosés[24]. Acabada la función salieron las divisiones para ver el Entierro del Señor desde las casas que nos invitaron.

7.[25]

Tuvieron los niños un extraordinario día de campo: en la misma entrada de la torre se elevó un altar rodeado de banderas y flores donde se celebró la misa, que oyeron los niños desde la plaza que está delante de la torre, que se había entoldado para el efecto. Casi todos los colegiales llevaban o un cuerno, o trompeta, u otro instrumento con lo que movieron mucha algazara. El viento impidió que pudiese elevarse un globo monstruo; la cena tuvo también lugar en la quinta.

En la distribución que vigió al empezar este mes se introdujo el ir a paseo los sábados por la tarde, después de las clases y letanías, en vez de los domingos; realmente en estos días de fiesta se encuentra por todas partes un inmenso gentío.

Día 23

Los músicos por la tarde celebraron la fiesta de S\ta Cecilia en el campo[26].

Día 30

Los alumnos de segundo año, o sea de *Media*, tuvieron concertación; el emperador de la clase comenzó el acto con la lectura

---

[24] Las Tres horas de Agonía es una oración o celebración del Viernes Santo para conmemorar las horas de agonía de Cristo crucificado, en la que se recuerdan y meditan las Siete Palabras pronunciadas por Cristo en la Cruz.

[25] Tiene que tratarse del día 7 de abril, si se tienen en cuenta las fechas siguientes.

[26] La festividad de santa Cecilia, patrona de la música, es el 22 de noviembre, fecha de su martirio. La alusión de Reverter seguramente tiene que ver con el hecho de que el 23 de abril era jueves y por la tarde era festivo en el colegio.

de la vida de S. Luis Gonzaga, escrita en latín bastante castizo por él mismo. Todos en general dieron muestras de estar más adelantados en las latinidades que [en] las asignaturas accesorias del curso.

Hoy se abrió por la noche el Mes consagrado a María; asiste gente de fuera y todo se hace con mayor solemnidad que el año anterior.

Día 3 de mayo. Comunión general

Francisco Gros, camarero de este Colegio, que después entró en la Compañía[27], fue declarado por el médico estar enfermo de viruelas; al punto, del dormitorio de los criados fue trasladado al piso bajo del Colegio, completamente aislado de las estancias que habitan los niños. Es de advertir que algunos días antes tuvo la misma enfermedad un colegial que también se separó de los demás, aunque fue más benigna que la de este criado. El Señor se acuerda mucho de nosotros, el poder acabar lo poco que falta del curso será una gran victoria.

Hoy en la capilla, en la función de las flores, un niño ha declamado un ejemplo de la Virgen; los días festivos harán lo mismo otros niños[28]; este año los cantos son más variados, los alumnos los ejecutan mejor y por esto quizás la gente no coge[29] en la Capilla. Comenzó también la Seisena de S. Luis[30].

---

[27] La frase «que después entro en la Compañía» es un añadido posterior. Francisco Gros (nacido en 1852) ingresó en el noviciado en 1878, pero debió de abandonar la Compañía, porque solo aparece como novicio coadjutor en los catálogos de 1879 y 1880, y no consta su fallecimiento.

[28] La declamación de «ejemplos» de la Virgen era una práctica devocional consistente en relatar algún caso de intervención especial de la Virgen María en un acontecimiento o en la vida de alguien.

[29] «No coge», léase: «no cabe».

[30] La «Seisena de san Luis» es una práctica devocional durante seis domingos, previos a la festividad correspondiente (el 21 de junio).

Día 13

Los alumnos de la clase *Ínfima* tuvieron concertación.

Día 14, la Ascensión del Señor

Una gran parte de los colegiales comulgaron; en la misa se cantaron varios himnos y ardieron muchas velas. La función del mes de las flores fue de las más solemnes que se han celebrado en el Colegio: en el altar se puso toda la cera que pudo colocarse. El motivo de esta función fue dar gracias a la Santísima Virgen por los beneficios dispensados al Colegio en este azaroso curso.

Día 31

La función con que se dio fin al mes de María fue lucidísima y muy concurrida.

Día 3 de junio

Por la mañana tuvieron concertación los alumnos de Preparatoria superior.

Día 4

A causa del tiempo no hubo procesión de Corpus hasta el día de la octava, en cuyo día los niños vieron la procesión desde las casas que nos invitaron.

N. B. Al empezar este mes, comenzaron los exámenes por escrito; acabadas semejantes tareas, vinieron los exámenes orales con bastante rigor, de los cuales resultaron algunos suspensos y un reprobado. Este fue despedido del Colegio con toda solemnidad. Los suspendidos que en un nuevo examen no fueron aprobados, el Colegio no los presentó a exámenes de Instituto. Estos solo fueron dos; sus papás los presentaron y fueron aprobados.

Día 15

Hoy se presentaron nuestros alumnos en el Instituto; todos fueron aprobados con mucha gloria en todas las asignaturas. Hubo dos que tomaron el grado de Bachiller y recibiéronlo con la nota de sobresalientes, pues solo en el Bachillerato daban notas. Todos los alumnos reunidos ofrecieron al Sr. Director el copón prometido por su santo.

Día 19

Hoy la Academia de literatura celebró un acto extraordinario con el título de «Glorias del Pilar». Tuvo lugar en el salón dormitorio de la 2.ª División; estaba en todas sus paredes cubierto de damascos, escudos, emblemas alusivos al acto y alumbrado con salomones y arañas de cristal[31]; en el centro, veíase el gran escenario con su dosel de terciopelo de seda carmesí, que cubría a una Virgen del Pilar de plata. El Sr. Arzobispo presidió el acto y asistieron como unas 400 personas de lo más distinguido de Zaragoza, como anunciaron los periódicos de esta capital que se ocuparon además en elogiar esta solemnidad literaria.

Lo que dio más realce al acto fue los diferentes coros y canciones que recreaban a los espectadores de cuando en cuando. Al fin se cantó una cantata o una escena lírica, como decía el programa impreso, y esto dejó una grata impresión y coronó maravillosamente la función.

Día 20

Tuvo lugar la distribución de premios; el Sr. Arzobispo, no cansado del acto de ayer, tuvo la benignidad de presidir también la distribución de premios. Se cantaron algunos coros de la academia y se leyó un discurso sobre que no hay trabajo sin recompensa.

---

[31] «Salomones», léase: «candelabros» (1 Re 7,49).

Día 21. Fiesta de S. Luis Gonzaga

Por la mañana dio la comunión a los alumnos el Sr. Arzobispo y después de la misa, revestido aún de los ornamentos sagrados, les echó una plática sobre el modo de portarse en sus casas en tiempo de vacaciones. Tomó el desayuno en el Colegio y después asistió hasta las 11 y ½ de la mañana a la rifa, cuyos objetos comenzaron a sortearse a beneficio de los niños pobres de la Sagrada Infancia. El mismo Prelado tenía algunas secciones de billetes y cuando le caía algún objeto la gente y los colegiales aplaudían. El resultado de este sorteo fueron ochenta duros para los pobres sobredichos.

Día 22

Los alumnos salieron para vacaciones y esta noche solo durmieron en casa cinco de ellos, que al día siguiente marcharon.

Día 25

Los profesores tuvieron día de campo y por la noche comenzó el triduo para la renovación, que tuvo lugar el día de S. Pedro[32].

Día 1.º de julio

Comenzaron las vacaciones mayores en la torre; durante estos días, los periódicos el *Diario de Zaragoza* y *La Democracia* (antes *La República*) sostuvieron una polémica a causa de los exámenes de los alumnos del Salvador; comenzó *La Democracia* echando en rostro al *Diario de Zaragoza* por haber alabado tanto lo ocurrido en este Colegio en los últimos días de este curso habiendo en otro tiempo el mismo diario hablado tanto contra la Compañía y contra la Infalibilidad pontificia, dogma que la misma Compañía ha difundido por todo el mundo, según

---

[32] El 29 de junio.

el mismo[33]. El diario atacado se defendió y excusó como pudo y parecía que la disputa se prolongaría demasiado; por lo cual, atendida nuestra posición y las armas extrañas del defendiente, se pudo lograr, por personas que por nuestro bien se interesaron, que se zanjase la cuestión. *La Democracia* con estas disputas se hacía muy interesante, despachaba todos sus números, que contenían maliciosas calumnias contra nuestro Instituto, escritas por una pluma bastante elocuente.

(Aquí acaba lo que escribió el H. Reverter, que fue enviado en 1881 a América, siendo ya sacerdote y habiendo hecho su 3.ª probación en la santa Cueva de Manresa)[34].

---

[33] La aclaración «según el mismo» es un añadido posterior.
[34] El paréntesis es un añadido posterior.

Imagen 8. *Virgen del Colegio (1871)* (Fuente: Archivo Colegio del Salvador).

Referencias

ÁLVAREZ IGLESIAS, Rubén (2009): «El vacío educacional en España tras la expulsión de la Compañía de Jesús», *Cuadernos del Tomás*, núm. 1, 75-104.

ÁLVARO ZAMORA, M.ª Isabel; CRIADO MAINAR, Jesús F.; IBÁÑEZ FERNÁNDEZ, Javier; MENDOZA MAEZTU, Naike (2010): *El plano más antiguo de Zaragoza. Descripciones literarias e imágenes dibujadas de la capital aragonesa en la Edad Moderna (1495-1914)*, Zaragoza, Institución Fernando el Católico.

ASTRAIN SJ, Antonio (1902): *Historia de la Compañía de Jesús en la asistencia de España*, tomo I, Madrid, Sucesores de Rivadeneyra.

BERDIÉ BUENO, Isidoro (1991): *Aragón durante la Revolución de septiembre (1868)*, Zaragoza, Mira editores.

——————— (1991): *Aragón durante la primera República (1873)*, Zaragoza, Mira editores.

BOLOQUI LARRAYA, Belén (2001): «El Colegio de la Compañía de Jesús en Zaragoza en el que vivió Baltasar Gracián. Apuntes para su historia desde su fundación (1570-1599)», en VV. AA., *Zaragoza en la época de Baltasar Gracián*, Zaragoza, Ayuntamiento de Zaragoza, 61-74.

BORRÁS I FELIU SJ, Antoni (1984): «Fundación del Colegio de la Compañía de Jesús en Zaragoza», en VV. AA., *La ciudad de Zaragoza en la Corona de Aragón. X Congreso de historia de la Corona de Aragón*, Zaragoza, Institución Fernando el Católico, 167-187.

CARRETERO CALVO, Rebeca (2016): *El relato histórico del Colegio de la Compañía de Jesús de Tarazona (1591-1628)*, Tarazona, Centro de Estudios Turiasonenses de la Institución Fernando el Católico.

DE DAINVILLE, François (1969): *La naissance de l'humanisme moderne*, Genève, Slatkine (1.ª ed. 1940).

DE LA FUENTE MONGE, Gregorio (2001): «El enfrentamiento entre clericales y revolucionarios en torno a 1869», *Ayer*, núm. 44, 127-150.

DE PUELLES BENÍTEZ, Manuel (2010): *Educación e ideología en la España contemporánea*, Madrid, Tecnos.

EGIDO, Aurora (1984): «Cartel de un certamen poético de los jesuitas en la ciudad de Tarazona (1622)», *Archivo de filología aragonesa*, 34-35, 103-120.

EGIDO LÓPEZ, Teófanes; BURRIEZA SÁNCHEZ, Javier; REVUELTA GONZÁLEZ, Manuel (2004): *Los jesuitas en España y en el mundo hispánico*, Madrid, Centro de Estudios Hispánicos e Iberoamericanos

EGIDO LÓPEZ, Teófanes (2012): «Formación y funciones del estereotipo antijesuita», en J. Martínez Millán, H. Pizarro y E. Jiménez Pablo (coords.), *Los jesuitas: religión, política y educación (siglos XVI-XVIII)*, vol. 2 (tomo 2), Madrid, UPCO, 715-726.

FAUS PUJOL, Carmen (1978): «El ferrocarril y la evolución urbana de Zaragoza», *Cuadernos de Zaragoza*, núm. 33, 44.

FERNÁNDEZ ARRILLAGA, Inmaculada (2013): *Tiempo que pasa, verdad que huye: Crónicas de jesuitas expulsados por Carlos III (1767-1815)*, Alicante, Universidad de Alicante.

FERNÁNDEZ CLEMENTE, Eloy; FORCADELL, Carlos (1979): *Historia de la prensa aragonesa*, Zaragoza, Guara editorial.

FERNÁNDEZ MARCO SJ, Juan Ignacio (1999): *El ultracentenario Colegio del Salvador (Jesuitas en Zaragoza)*, Bilbao.

————— (2011): *Colegio de la Purísima (Zaragoza 1547-1767). Notas históricas*, Bilbao, Mensajero.

FERNÁNDEZ PORTELA, Luis J. (2018): «La exclaustración de los religiosos de 1836», *Revista de Espiritualidad*, núm. 78, 161-198.

FERRER BENIMELI SJ, José A. (2008): *El Colegio de la Compañía de Jesús en Huesca (1605-1905)*, Huesca, Instituto de Estudios Altoaragoneses.

———— (2011): *José Pignatelli (1737-1811). La cara humana de un santo*, Bilbao, Mensajero.

———— (2013): *Expulsión y extinción de los jesuitas 1759-1773*, Bilbao, Mensajero.

———— (2020): «Origen del Colegio de jesuitas de Zaragoza», *Miscelánea Comillas*, vol. 78, núm. 152, 285-309.

FORCADELL ÁLVAREZ, Carlos (1998): *Zaragoza en el siglo XIX (1808-1908)*, Zaragoza, Ayuntamiento de Zaragoza.

FUENTES NUÑO, SJ, Óscar (2022): «La *Ratio Studiorum*: el modo nuestro de proceder en los estudios», *Padres y maestros* núm. 390, 67-72.

GARCÍA DE PASO, Ignacio (2021): «Barricadas en Zaragoza. La insurrección de los Voluntarios de la República (1874)», *Jerónimo Zurita* núm. 98, 89-112.

GARCÍA GUATAS, Manuel (1988): «Influjos del espiritismo en la cultura y en pintores aragoneses», *Artigrama* núm. 5, 201-211.

———— (2004): *La Zaragoza de José Martí* (2.ª edición corregida y aumentada), Zaragoza, Institución Fernando el Católico.

GARCÍA IGLESIAS, Luis (1994): «Renovación en los colegios jesuíticos (I)», *XX Siglos*, vol. 5, núm. 19, 104-113.

GIL CORIA, Eusebio (ed.) (1999): *La pedagogía de los jesuitas, ayer y hoy*, Madrid, UPCO.

GIMÉNEZ LÓPEZ, Enrique (2022): *Tempestad en el tiempo de las luces. La extinción de la Compañía de Jesús*, Madrid, Cátedra.

GÓMEZ GARCÍA, OP, Vito-Tomás (1990): *El Cardenal Fr. Manuel García y Gil, O.P. Obispo de Badajoz y Arzobispo de Zaragoza (1802-1881)*, Valencia.

GRACIA ALBÁCAR, Mariano (2019): *Memorias de un zaragozano (1850-1861)*, edición y notas de Fico Ruiz, introducción de Carlos Forcadell, Zaragoza, Institución Fernando el Católico.

GUIBERT, SJ, Jose M.ª (2020): *Para comprender la pedagogía ignaciana*, Bilbao, Mensajero.

JIMÉNEZ PABLO, Esther (2022): «Jesuitas y educación: origen y claves de su éxito (siglo XVI)», *Historia Social*, núm. 103, 153-166.

LAMET, Pedro Miguel (2011): *El último jesuita. La dramática persecución contra la Compañía de Jesús en tiempos de Carlos III*, Madrid, La esfera de los libros.

LANGE CRUZ, SJ, W. Ignacio (2005): *Carisma ignaciano y mística de la educación*, Madrid, UPCO.

LASALA CLAVER, SJ, Fernando Jesús (1992): *Orihuela, los jesuitas y el Colegio Santo Domingo*, Alicante, Caja de Ahorros del Mediterráneo.

LATORRE CIRIA, José Manuel (2020): *La diócesis de Teruel. De los orígenes a la ilustración*, Zaragoza, Prensas Universitarias de Zaragoza.

LÓPEZ GONZÁLEZ, Juan-Jaime; y GARCÍA LASAOSA, José (1982): *Orígenes del movimiento obrero en Aragón (1854-1890)*, Zaragoza, Institución Fernando el Católico.

LOZANO GONZÁLEZ, Antonio (1895): *La música popular, religiosa y dramática en Zaragoza. Desde el siglo XVI hasta nuestros días*, Zaragoza, Tip. de Julián Sanz y Navarro.

LOZANO LÓPEZ, Juan Carlos (2001): «Noticias artísticas en una fuente poco conocida: la *Historia del Colegio de la Compañía de Jesús de Zaragoza del P. Juan Arbizu (S.I.)*», *Artigrama*, núm. 16, 403-420.

MARGENAT PERALTA, Josep M.ª (2010): *Competentes, conscientes, compasivos y comprometidos. La educación de los jesuitas*, Madrid, PPC.

—————— (2016): «El sistema educativo de los primeros jesuitas», *Arbor*, 192 (782): a356. https://doi.org/10.3989/arbor.2016.782n6001

MARCO IBÁÑEZ, Ángel (1976): «Los jesuitas en Calatayud», *Cuadernos de Aragón*, núm. 8-9, 81-93.

MARTÍNEZ NARANJO, Javier (2003): «Las congregaciones marianas de la Compañía de Jesús y su contribución a la práctica de la caridad (ss. XVI-XVIII)», *Revista de Historia Moderna. Anales de la Universidad de* Alicante, núm. 21, 8-75.

MARTÍNEZ QUEVEDO, Luis Fernando (2014): «El teatro escolar de los jesuitas: una revisión bibliográfica», *Florentia Iliberritana*, núm. 25, 97-113.

MARTÍNEZ TORNERO, Carlos A. (2016): «Retrato de la provincia jesuítica de Aragón el año después de su extinción», *Hispania Sacra* LXVIII, 137, 343-353.

MENDOZA MAEZTU, Naike (2018): *La arquitectura jesuítica en Aragón: primeras fundaciones (ss. XVI-XVIII)*, tesis doctoral, Universidad de Zaragoza. Disponible en: https://zaguan.unizar.es/record/90521/files/TESIS-2020-107.pdf

MESA, SJ, José Alberto (2019): *La pedagogía ignaciana. Textos clásicos y contemporáneos sobre la educación de la Compañía de Jesús desde san Ignacio de Loyola hasta nuestros días*, Bilbao-Santander, Mensajero-Sal Terrae.

O'MALLEY, John W. (1995): *Los primeros jesuitas*, trad. J. A. Montero, Bilbao-Santander, Mensajero-Sal Terrae.

—————— (2016): *¿Santos o demonios? Estudios sobre la historia de los jesuitas*, trad. J. Pérez Escobar, Bilbao, Mensajero.

O'NEILL, SJ, Charles E. y DOMÍNGUEZ, SJ, Joaquín M.ª, (dirs.) (2001): *Diccionario Histórico de la Compañía de Jesús* (4 vols.), Madrid, UPCO.

PAVUR SJ, Claude (2019): *In the school of Ignatius. Studious zeal and devoted learning*, Boston, IJS Studies.

——— (2023): «El currículum porta la misión: La *Ratio studiorum* y el desarrollo de la educación jesuita y de la Compañía de Jesús», en J. C. García-Huidobro, SJ y Vilma Reyes (eds.), *El currículum porta la misión: Ensayos sobre el currículum en la educación jesuita contemporánea*, Chile, Flacsi, 185-195.

PINILLA NAVARRO, Vicente (1985): *Conflictividad social y revuelta política en Zaragoza, 1854-1856*, Zaragoza, Diputación General de Aragón.

POBLADOR MURO, María Pilar (2021): «La solemne consagración de la catedral de Ntra. Sra. del Pilar de Zaragoza en 1872: Festejos entre lo sacro y lo profano», en Vv.Aa., *El mundo de las catedrales*, Congreso Internacional VIII Centenario catedral de Burgos, 1215-1224.

PRADAS IBÁÑEZ, Federico (2014): *A Cristo por María. Cofradía del Descendimiento de la Cruz y Lágrimas de Nuestra Señora (1939-2014)*, Zaragoza, Mira Editores.

——— (2019): «Génesis de la Cofradía del Descendimiento de Zaragoza: Congregación mariana de los Luises (1860-1899). Crónica de actos religiosos y vida congregacional», *Tercerol. Cuadernos de investigación*, núm. 19, 55-112.

REVUELTA GONZÁLEZ SJ, Manuel (1970): «La supresión de la Compañía de Jesús en España en 1820», *Razón y fe*, tomo 182, núm. 870-871, 103-120.

——— (1984): *La Compañía de Jesús en la España contemporánea. Tomo I: Supresión y reinstalación (1868-1883)*, Madrid-Santander-Bilbao, Universidad de Comillas-Sal Terrae-Mensajero.

——— (1986). «Reglamentos de colegios de jesuitas a finales del siglo XIX», en Vv.Aa., *Iglesia y educación en España: perspectivas históricas*, IV Coloquio de historia de la educación, Palma de Mallorca, 136-145.

———— (1995): «De las Congregaciones Marianas a las Comunidades de Vida Cristiana», *XX Siglos*, vol. 6, núm. 3, 30-42.

———— (1998): *Los colegios de jesuitas y su tradición educativa (1868-1906)*, Madrid, UPCO.

———— (1999): *El anticlericalismo español en sus documentos*, Barcelona, Ariel.

———— (2006): *Once calas en la Historia de la Compañía de Jesús: servir a todos en el Señor*, Madrid, UPCO.

———— (2009): «Los colegios de jesuitas de finales del siglo XIX: el arranque de una tarea educativa», en Vv.Aa., *Doctor Buenaventura Delgado Criado: pedagogo e historiador*, Barcelona, Universidad de Barcelona, 533-546.

———— (2010): *La exclaustración (1833-1840)*, Madrid, Ediciones CEU.

———— (2011): «Grandes en educación: La Pedagogía de la Compañía de Jesús», *Padres y maestros*, núm. 341, 1-3.

———— (2012a): «Grandes en educación: La Pedagogía de la Compañía de Jesús restaurada», *Padres y maestros*, núm. 346, 1-3.

———— (2012b): «Las Cortes de Cádiz y los jesuitas. Encrucijada entre la antigua y la nueva Compañía», en J. Martínez Millán, H. Pizarro y E. Jiménez Pablo (coords.), *Los jesuitas: religión, política y educación (siglos XVI-XVIII)*, vol. 3 (tomo 3), Madrid, UPCO, 1859-1906.

———— (2013): *El restablecimiento de la Compañía de Jesús*, Bilbao, Mensajero.

———— (2014): «La pervivencia del espíritu restauracionista en la Compañía de Jesús», *Manresa*, núm. 86, 45-58.

SÁINZ MARTÍNEZ DE EGUÍLAZ, José Carlos (1996): «De FECUM a FECUN: Política y religión entre los congregantes marianos (1965-1977)», *Política y Sociedad*, núm. 22, 103-121.

SANZ DE DIEGO, Rafel M.ª (1975): «La legislación eclesiástica del sexenio revolucionario (1868-1874)», *Revista de Estudios Políticos* núm. 200-201, 195-224.

SERRANO MARTÍN, Eliseo (1998): *Historia de Zaragoza. Zaragoza con los Austrias mayores (siglo XVI)*, Zaragoza, Ayuntamiento de Zaragoza-CAI.

SOTO ARTUÑEDO, Wenceslao (1999): «La *Ratio studiorum*: La pedagogía de la Compañía de Jesús», *Proyección* núm. 46, 259-276.

———— (2017): «El apostolado ignaciano de la educación: "Institutio puerorum" para la "reformatio mundi"», *Manresa* núm. 89, 317-328

SUÁREZ CORTINA, Manuel (1998): «Anticlericalismo, religión y política durante la Restauración», en E. La Parra López y M. Suárez Cortina (eds.), *El anticlericalismo español contemporáneo*, Madrid, Biblioteca Nueva, 127-210.

TORRALBA, Federico (1952): *Real Seminario de San Carlos Borromeo de Zaragoza*, Zaragoza, Institución Fernando el Católico.

———— (1957): «El Colegio de jesuitas de Tarazona ("Hogar Doz")», *Seminario de arte aragonés*, VII-XIX, 79-83.

VÁZQUEZ BARRADO, Ana (2007): «Algunos apuntes sobre jesuitas y espacio público en Zaragoza (1547-1603)», en A. Ubieto Arteta (coord.), *Estudios sobre Aragón en el umbral del siglo XXI. Vol. I.*, Zaragoza, Universidad de Zaragoza-ICE.

VERDOY SJ, Alfredo (2014): «La Compañía de Jesús restaurada: ¿Involución o restauración?», *Manresa*, núm. 86, 17-28.

VERDOY SJ, Alfredo; PIZARRO, Henar (coords.) (2020): *La Restauración de la Compañía de Jesús en España (1815-1835).Antecedentes y desarrollo*.Bilbao-Santander-Madrid, Mensajero-Sal Terrae-Universidad Pontificia de Comillas.

VICENTE Y GUERRERO, Guillermo (2010): «La obra legislativa de las Cortes de Cádiz en el ámbito de la instrucción secundaria», *Rolde. Revista de cultura aragonesa*, núm. 134-135, 17-25.

————— (2011): «Ilustración y educación en Aragón en la segunda mitad del siglo XVIII», en G. Vicente y Guerrero (ed.), *Historia de la enseñanza media en Aragón*, Zaragoza, Institución Fernando el Católico, 27-62.

————— (2022): «Sobre la libertad religiosa en Noruega. Patriotismo, luteranismo y exclusión. Su discurso constitucional», *Revista de Estudios Políticos*, núm. 197, 69-108.

VILLARET, SJ, Emilio (1964): *Cuatro siglos de apostolado seglar. Historia de las Congregaciones Marianas*, Bilbao, Mensajero.

VIÑAO FRAGO, Antonio (1982): *Política y educación en los orígenes de la España contemporánea. Examen especial de sus relaciones en la enseñanza secundaria*, Madrid, Siglo XXI.

ZURBITU SJ, Florencio (1920): *Compendio de la Vida del V. P. José Pignatelli SJ*, Zaragoza, Tipografía de Salvador Hermanos.